DEBATES CLÍNICOS

Blucher

DEBATES CLÍNICOS

Vol. 3

Organizadores

Sérgio Telles

Beatriz Teixeira Mendes Coroa

Paula Peron

Debates clínicos, vol. 3

Publisher Edgard Blücher
Editor Eduardo Blücher
Coordenador editorial Rafael Fulanetti
Coordenação de produção Andressa Lira
Produção editorial Lidiane Pedroso Gonçalves
Preparação de texto Helena Miranda
Diagramação Negrito Produção Editorial
Revisão de texto Maurício Katayama
Capa Leandro Cunha
Imagem da capa iStockphoto

Blucher

Rua Pedroso Alvarenga, 1245, 4º andar
04531-934 – São Paulo – SP – Brasil
Tel.: 55 11 3078-5366
contato@blucher.com.br
www.blucher.com.br

Segundo o Novo Acordo Ortográfico, conforme 6. ed. do *Vocabulário Ortográfico da Língua Portuguesa*, Academia Brasileira de Letras, julho de 2021.

Dados Internacionais de Catalogação na Publicação (CIP)
Angélica Ilacqua CRB-8/7057

Debates clínicos: volume 3 organizado por Sérgio Telles, Beatriz Teixeira Mendes Coroa, Paula Peron. – São Paulo: Blucher, 2024.
192 p.

Bibliografia
ISBN 978-85-212-2087-9

1. Psicanálise 2. Psicanálise – Estudo de casos I. Telles, Sérgio II. Coroa, Beatriz Teixeira Mende III. Peron, Paula

23-6015 CDD 150.195

Índice para catálogo sistemático:
1. Psicanálise – Estudo de casos

Conteúdo

Apresentação

Sérgio Telles

Beatriz Teixeira Mendes Coroa

Paula Peron

É com grande satisfação que apresentamos o terceiro volume de *Debates clínicos*, um conjunto de seis textos publicados na seção homônima da revista *Percurso*, do Departamento de Psicanálise do Instituto Sedes Sapientiae (São Paulo).

Debates clínicos visa a organizar um espaço transinstitucional que possibilite uma efetiva troca de experiência entre analistas de diferentes linhas teóricas e associações. Para tanto, convidamos três analistas – um como apresentador do caso, dois outros como comentadores, e nenhum deles conhece a identidade dos demais, o que só acontece no final do processo. Dessa forma, temos como objetivo contornar eventuais aspectos transferenciais que possam toldar a liberdade de discussão dos textos. Cada seis debates dão origem a um livro como este, publicado pela Editora Blucher.

Como já dissemos nos volumes anteriores, mas nunca é demais reafirmá-lo, a apresentação de casos clínicos, essencial na transmissão do saber psicanalítico, se depara com grandes dificuldades. A mais importante delas é a questão da confidencialidade, do sigilo profissional. Impõe-se a necessidade de vencer esse grande óbice para, simultaneamente, expor o caso e proteger a identidade do paciente. Isso demanda cuidados específicos, como o uso de diversos recursos já estabelecidos e bem expostos por Glenn Gabbard, a quem temos como referência.

Tais cuidados não impedem que o paciente possa eventualmente ler o material e nele se reconhecer. O analista deve estar preparado para esse confronto e, caso interpelado, mostrar ao paciente que, se ele se reconheceu no texto, possivelmente ninguém mais o faria, pois foram tomadas providências nesse sentido. O analista deve também amparar-se no exemplo de Freud, que afirmou ter o analista dois compromissos éticos – com o paciente e com a própria psicanálise. Ao expor o caso clínico, o analista ajuda a ampliar o conhecimento psicanalítico, beneficiando assim um maior número de pessoas – os próprios analistas e outros pacientes.

Os debates evocam uma questão recorrente – o que é um "material clínico"? Seria a descrição de um caso inteiro, seria o relato de uma sessão, de um fragmento de sessão, de um sonho, dos movimentos transferenciais e contratransferenciais, a descrição do processo analítico, um recorte de seu final? Consideramos "material clínico" tudo aquilo que possibilite uma reflexão psicanalítica, que suscite questões, dúvidas, angústias, que nos façam enfrentar o enigma das formações inconscientes que se produzem no encontro do paciente com o analista. "Material clínico" é tudo aquilo que articula a prática com a técnica e a teoria. Consequentemente, são válidas todas as opções anteriores. Dessa maneira, deixamos a cargo do apresentador a escolha do que considera como tal, e sua escolha, em si, já pode ser considerada uma fonte de reflexões.

Isso nos leva aos problemas da escrita propriamente dita, a estrutura narrativa escolhida pelo apresentador, seu estilo, sua marca pessoal. Como editores, procuramos respeitar ao máximo esses elementos, considerando-os como manifestações não só das idiossincrasias do autor, mas também como fruto da relação estabelecida com o paciente, uma manifestação desse vínculo, produto das tensões geradas pela transferência e contratransferência.

Essa postura não nos isenta, como editores, de estarmos juntos aos autores, auxiliando-os a polirem o texto, deixarem-no mais claro para o leitor; de alertá-los no que diz respeito aos cuidados com a confidencialidade, sugerindo formas de superar o impasse entre o relato do caso e a proteção do sigilo profissional do qual nós, enquanto analistas, somos depositários.

Como editores, já conhecíamos o material "a conta-gotas", digamos assim, pois os recebemos e os trabalhamos à medida que foram enviados para a publicação na revista *Percurso*. Mas, ao lê-los em conjunto agora, nos congratulamos ao constatar a alta qualidade dos trabalhos, sua consistência e profundidade, a boa integração entre teoria e técnica.

Acreditamos que *Debates clínicos* pode ser útil para todos os analistas, um estímulo para pensarmos importantes questões de nosso trabalho, como: a forma de lidar com as diferentes abordagens de um mesmo material clínico, as diferenças advindas das diversas linhas teóricas praticadas pelos analistas, bem como de suas singulares sensibilidades. Constatando as divergências, é possível estabelecer índices de veracidade, avaliar qual delas é mais correta naquela situação? Esse problema aponta para a necessidade de consolidarmos uma epistemologia própria ao nosso campo, dado que aquela usada nas *hard sciences* não se aplica às especificidades de nosso ofício. É necessário reafirmá-la, para nos defender melhor das frequentes críticas de cientificistas, que usam essa contingência para desconsiderar nossa produção como "não científica". É verdade que isso nos leva a um tema mais amplo, que é justamente o estatuto da psicanálise entre os saberes – seria uma ciência, seria uma arte?

O conjunto dos seis casos aqui estudados por psicanalistas de vários estados brasileiros reflete a clínica de nosso tempo, que nos desafia com patologias não neuróticas, narcísicas, *borderlines*, distúrbios alimentares, marcas traumáticas. E, mais ainda, traz um belo exemplo de clínica social sem demagogia ou populismo, calcado num exercício psicanalítico exemplar.

Pensamos que *Debates clínicos* é um diversificado registro, um testemunho parcial de como a psicanálise é praticada em nosso meio e em nossa época.

Nosso projeto não poderia se concretizar sem a colaboração imprescindível dos colegas que aceitaram nosso convite e, com muita generosidade e coragem, abriram sua prática, expondo a maneira como trabalham, fornecendo assim indispensáveis e valiosos elementos para discussões que enriquecem e fortalecem a psicanálise. Mais uma vez expressamos nossa gratidão e nosso agradecimento.

Debates clínicos 13: caso Camilo[1]

Cristina Perdomo (Apresentadora)

Silvana Rea e Daniel Kupermann (Comentadores)

Apresentação de Cristina Perdomo

Um corpo de angústia

Camilo é experiente em análises, me conta logo, com certa suficiência, já na sua primeira entrevista. Vários analistas têm passado por ele (e não o contrário), uns por pouco tempo, outros um pouco mais. Nenhum "conseguiu fisgá-lo". Com quem esteve por mais tempo foi durante a sua infância, lá pelos 6 ou 7 anos. Sua mãe o levou para fazer "ludoterapia", assim como também levou seu irmão, dois anos mais novo do que ele. "Mas essa analista não conta, não foi escolhida por mim."

Possivelmente eu seria mais uma das analistas entrevistadas. O que motiva, no manifesto, seu pedido de consulta é que "não conseguem engravidar". Várias tentativas e nada. A fala oscila do singular "ela" (referindo-se à sua mulher) ao plural "nós", sem que

1 Publicado na revista *Percurso* n. 64, junho de 2020.

Camilo possa perceber a evitação do "eu". Ele está fora, numa posição de relato no qual se inclui nas margens, mas, se alguém não consegue algo (engravidar), certamente não é ele.

Muita arrogância e prepotência. As entrevistas prosseguem... Um dia Camilo chega descontrolado... Teve um acidente logo na esquina do consultório... "Vinha pensando sei lá em quê, possivelmente distraído", e não viu o farol vermelho.

Pois é... E tinha certeza de que a distração fora dele... Dessa vez não consegue encontrar a fórmula para dividir com alguém algo seu, a responsabilidade é toda sua. O mundo tem suas leis, e às vezes não se alinham com as dele. Iniciamos a análise.

Os primeiros meses transcorrem com o eixo preponderante da "tarefa de engravidar". Suas falas carregam sempre arrogância e desprezo.

Oscila entre falar de seu desejo de filho, trocando pelo "desejo dela" de filho. Afinal, a quem imputar o desejo que lhe mostra sua falha? Queixa-se dos procedimentos, "ter que transar por encomenda", esse não é seu estilo e por isso às vezes falha. O fracasso não é dele, é da metodologia escolhida. "Onde já se viu ter ereções forçadas?" ou "ter que transar quando a fêmea está em período fértil! Isso é para animais".

Em transferência também aparece o "incômodo da metodologia", ter que falar por encomenda, em dias e horários estipulados, nos quais a temperatura não sempre é a ideal.

Sua vida sexual, com sua mulher e com outras parceiras, é intensa. Contada, por momentos, com excesso de detalhes. A intimidade de seus encontros fica posta num ato de exibicionismo. Exibicionismo de masculinidade, exibicionismo do Kamasutra, imagens de centenas de posições que parece conhecer à perfeição. Não há vínculo amoroso com essas mulheres, são "parceiras de prazer", o importante é o prazer, "tudo está permitido, sempre e quando ela também goste". Registro que, mesmo nas entrelinhas, há alguma consideração pela parceira de turno. São amigas ocasionais, funcionárias do jornal no qual trabalha, mulheres que conhece na rua.

Não sai com prostitutas. Não aceita pagar para ter sexo. O sexo é sempre prático e muito técnico. Técnicas praticadas com esmero, mas não sem intensidade, e sempre com resultados admiráveis, tanto para sua parceira como para ele. "Gozar até a última gota". Sua lista de mulheres é extensa e diversa: mulheres sofisticadas ou pobrezinhas, intelectuais ou superficiais, todos os gostos e tamanhos.

Os travestis são um capítulo à parte... Deboche, nojo, sadismo. Tinha na sua adolescência passeios de carro pelas avenidas de São Paulo, em companhia de colegas, onde simulavam parar o carro e, quando "esse fantoche se aproximava, ríamos da cara dele e partíamos". Os fantoches assustam, despertam curiosidade, desejo?

No começo de uma sessão, disse exultante: "Bravo! Mulher prenha!!! Agora a curtir o mundo sem transas monitoradas".

Durante os meses de gravidez não há quase relações sexuais do casal. Mas Camilo continua com sua "sexualidade mundana". "Só uma mentalidade burguesa exalta a família e a monogamia."

Nasce seu primeiro filho, Antônio, o que é motivo de grande ambivalência. Se, por um lado, a missão foi cumprida com sucesso, por outro, há uma criança que depende e dependerá dele por muito tempo. Isso o aterra pela amarração que significa, mas também pelo seu próprio desamparo. Demonstrações de ternura, mas muita rivalidade. "Quem manda sou eu, ele terá que obedecer." Antônio é um nome interessante, "Il bello Antônio", pena que fosse também o nome de seu sogro, já falecido.

Camilo não gosta da família da sua mulher… "Que tédio, são todos muito chatos!" Não gosta de ninguém. Sobretudo de um cunhado, roteirista de novelas com bastante sucesso, de quem fala que só escreve "merdas", para um público "sem cérebro" que "baba ovo". Esclareço que Camilo também é um escritor, com alguns prêmios conquistados.

E nasce Silvia pouco tempo depois. Se bem nos primeiros momentos se desconcerta com a chegada de uma menina, logo sente uma profunda ternura. Teme que Antônio se ressinta com a chegada da irmã. Camilo se pergunta se há algo, no fato de ter tido uma filha mulher, que o leve a gostar mais dela do que do Antônio.

Não gosta de trocar as fraldas de Silvia. Não gosta de higienizar e olhar a genitália. Tampouco gostava de trocar as fraldas de Antônio, sentia certo "rechaço por esse corpo exposto".

Com Antônio o trato é rude, educa-o muito severamente. "Nada de moleza. A vida é dura e mais vale que entenda isso logo." À medida que Antônio cresce, as exigências para com ele aumentam. Tem de ser brilhante, o melhor aluno, o mais forte, o mais popular.

Sua mulher, Mariana, é uma executiva com alto cargo numa multinacional, bastante dedicada à sua carreira e que deve ausentar-se, às vezes por longos períodos, por encargos de seu trabalho. Camilo claramente critica a falta de dedicação ao lar, que mascara uma "medida comparativa" com seu próprio trabalho e seus rendimentos econômicos.

Se a casa funciona é pelas empregadas que ele fiscaliza. Sua mulher "não sabe fazer tarefas de mulher". Não sabe cuidar da casa, não sabe se arrumar, não é bonita e não é boa na cama. Às vezes pensa em se separar… mas nunca com muita convicção. Não leva isso a uma forma mais profunda de questionamento sobre o casamento.

Os filhos o incomodam na sua "concentração", já que ele trabalha a maior parte do tempo em casa. Decide-se então pela saída para um escritório. Nada acontece e sua "concentração" parece piorar a cada dia. Sua capacidade de produção está em declínio. A análise é diretamente involucrada como causante dessa descompensação. Pensa que, seguramente, essa descompensação será transitória, dando lugar a futuros grandiosos, com reconhecimento universal, tanto na literatura como na escultura.

Camilo, além de trabalhar semanalmente para um jornal, escreve contos curtos, alguns romances também. Seu estilo luxurioso tenta aproximar-se de João Ubaldo Ribeiro em *A casa dos budas ditosos,* em que vale o "faço tudo que me dê na cabeça, não quero saber de limitações", ou Sade, a quem muitas vezes evoca. Sempre fica aquém, quando se compara com esses autores admirados, mas não sem um reconhecimento de editoras e algumas premiações. Seus contos têm pontos autobiográficos que o estimulam a continuar escrevendo. "É uma maneira de me narrar em pedaços."

Também faz incursões na escultura, sempre com ferros retorcidos, arames farpados, pregos, latas. Algumas vendidas para empresas, que as colocam decorativamente à entrada de prédios, rendem-lhe um bom dinheiro. São esculturas enormes, que demandam um grande esforço de criação e fabricação e que têm em comum algo agressivo que ele chama de "arrojado e inovador". Certamente também formas de se narrar.

Estamos num processo em que a agressividade aparece sem disfarces. Banca o "supermacho", briguento e destemido na rua, no trânsito, nos encontros sociais. Por momentos funciona, especialmente com sua mulher, em um maltrato beirando a humilhação e o desprezo. Por momentos, abuso de álcool e, em ocasiões, maconha e cocaína. Cita Sade: "Os homens são déspotas quando estão em ereção. Eu sou um déspota em ereção permanente". Enquanto reina o fantasma do "supermacho", os objetos são só objetos e o prazer é só narcisista.

Nesse momento, Camilo está com 46 anos. Se organiza nessa agressividade (quase perversa), destituindo o lugar do outro, como forma compensatória no reequilíbrio temporário de seu sistema psíquico. A agressividade e o montante de sadismo para com o objeto funcionam como uma conduta evacuativa e defensiva, colocando um dique ao esvaziamento, mas que corre o risco permanente de colapso. Quando consigo deslocá-lo dessa posição, aparece uma depressão que preanuncia a catástrofe e sua inércia perante a catástrofe.

Seus relatos tomam outro rumo…

Camilo teve, em vários momentos da sua vida, dúvidas sobre sua identidade sexual, expressas de diferentes maneiras: tamanho de seu pênis, número de conquistas amorosas, rechaço intenso por homossexuais afeminados, curiosidade e deboche em relação a travestis…

Ao entrar num banheiro sem compartimentos, não pode deixar de olhar para o pênis de outros e compará-lo "metricamente" com o seu. Teme ser descoberto e mal interpretado nesse olhar. Quando sua comparação milimetrada o favorece, experimenta um sentimento de triunfo voluptuoso, que o reconforta. O pênis é sua grandeza! O que por outro lado deixa evidente sua entrada temerosa e pouco confiante na competição por ele estabelecida.

Aos poucos vamos entrando no labirinto… Os temores de extravio, de quebra de articulações que reasseguram, de pensamentos que se amontoam sem ordem, elevam a "sua temperatura" e fazem com que coincidamos, a pedido de Camilo, em passar a três sessões semanais. É um momento fértil, embora angustiante. O aumento do número de sessões surge após um pedido explícito de medicação, seguido de uma pergunta sobre a necessidade de voltar ao psiquiatra para ser "adormecido". Estar acordado e ver o farol em vermelho assusta. A travessia tem riscos, mas decide enfrentar, embora com um pé no freio.

Sei que não é fácil arcar economicamente com o aumento de sessões, mas Camilo pensa que é vital neste momento e eu concordo.

Também volta ao psiquiatra, mas resiste a tomar a medicação indicada por ele "para não atrapalhar, pois preciso ter condições de pensar". Por outra parte ressurge uma velha animosidade com o psiquiatra, "que não escuta quase nada e já vai receitando o veneno".

O ponto mais difícil do manejo transferencial. A palavra funcionando em ato. A palavra degradada do comunicacional para o evacuativo, em puro processo de descarga, quase um grito. A positivação da presença do analista, a transferência agressiva erótica, a corporeidade de corpos. O discurso se endereça a mim, com clara referência à minha pessoa, sonhos e falas sem pudor, falas descarnadas, que operam do lado do Eu com a intenção de provocar intensas reações em mim, implodindo meu pensamento. O fundamental aqui é que não há uma percepção de que é o colapso de seu próprio pensamento que está em jogo.

O exercício de sua fala é vivido como uma demonstração de poder. Proclama que, se eu não cedo a seus convites, "é porque você fica agarrada a uma ética babaca e ultrapassada, mas seguramente morrendo de vontade".

Contenção explícita da minha parte mostrando que, se por um lado ele supõe que ganha, efetivamente ele perde. Dessa forma, não podemos pensar nem avançar no labirinto. O risco da travessia é grande, mas também necessário.

Os conteúdos eróticos sempre foram falados no divã. Nunca houve um olhar para trás ou um movimento corporal de aproximação. Terminada a sessão, Camilo se levantava, evitava meu olhar e estendia sua mão falando "até a próxima".

A transferência agressiva cede pouco a pouco... E, se antes meu corpo e minha pessoa estavam em seu discurso violento, a violência volta agora contra si mesmo, em um corpo que denuncia o essencial: o excesso. Seu corpo que não é seu, o corpo que à revelia diz algo, numa tentativa enlouquecida de descarga.

A angústia segue agora um caminho diferente. O "buraco" difuso, amorfo, obscuro e, sem dúvida, temido.

O espaço analítico agora pensado desde o vértice da reativação de elementos regressivos e eróticos; o espaço analítico produtor de autotraumatismos.

Aparece uma nova sintomatologia que o aflige enormemente: seu ânus lateja, são sensações anais desconhecidas, não experimentadas antes, seu ânus se contrai involuntariamente, à revelia. Isso o perturba ao extremo, essas sensações perturbam sua vida relacional e de trabalho.

O importante é que Camilo pode transformar em indício esse signo e começar a interrogar-se sobre ele.

A voltagem é elevada e o risco de curtos-circuitos também. Risco de fragmentação egoica expresso como "tenho medo de não parar e de ficar louco", "Minha cabeça não para, é uma explosão". Os pensamentos aceleram, não param, e o corpo sente uma necessidade imperiosa de movimento e evacuação. O ânus fala.

Lembranças vagas e sofridas, fatos dos quais não tem certeza, fiapos de trama simbólica tentando dar conta de um novo processo.

Rapidamente um fechamento: "Sou um homossexual, sou um homossexual reprimido, sempre fui um homossexual. Como não percebi isso antes!".

Essa sentença, que "aparentemente" desarticula suas convicções sobre si mesmo, penso que está a serviço da defesa, fechando as possibilidades de avançar.

Com a convicção de que o fantasma da homossexualidade obtura um processo que começa a se delinear, proponho que, antes de dar um nome para o que lhe acontece, continuemos o trabalho.

Não é homossexualidade reprimida o que se simboliza no ânus. O ânus evita o transbordamento que ele chama de loucura. O fantasma se transforma em marca no corpo.

A violência vai se ligando às lembranças de intrusão materna, aos momentos em que sua mãe o invadia contando sobre as noites de alcova. O marido bêbado, o corpo rejeitado com nojo, o ato sexual consumado com os dentes apertados. Em Camilo, sentimentos desencontrados de pena, de curiosidade, de ódio, de medo. Ela, Joana, o violenta pelos ouvidos, um orifício que não pode tampar.

Como isso se processa nos nossos diálogos? Estarei violentando, como revanche por ter sido violentada com sua fala? Os momentos de tensão transferencial foram difíceis, longos e intensos.

A mãe de Camilo, a quem ele se refere pelo nome, Joana, está hoje velha, dependente e demandante. Camilo lembra que sua mãe era uma mulher extremamente bela, sedutora, e por momentos provocativa com os homens. Ele a olhava..., mas também a protegia, só estando a seu lado. Hoje o corpo da mãe lhe produz nojo, repulsa e por momentos a fantasia de morte e decomposição... "Um esqueleto com moscas e vermes." Já não oculta o desejo de que ela morra. Talvez dessa forma possa "guardar a imagem do que ela foi".

Ele soube, pelos relatos da sua mãe, que seu pai era um exibicionista. Camilo lembra a denúncia de uma funcionária, a polícia chegando na porta, o choro da mãe, os vizinhos… sua vergonha.

Na piscina, ele e seu pai. Ele na água e seu pai sentado na beira… O calor, o sol e o calção largo. A curiosidade de olhar pelas fendas algumas partes que aparecem mostrando a genitália do pai.

O pai mostra o pênis, ele mostra seu traseiro.

O olhar dos outros deixa de ser inócuo para Camilo e se transforma num olhar que "vê seu ânus". Construções paranoicas pseudodelirantes entram em cena: outros homens, percebendo o movimento de seu ânus, reagem excitados levando a mão ao próprio pênis ou olhando para ele de maneira especial – desejosa alguns, assustada outros. Sabem eles de seus desejos homossexuais?

Outros elementos que Camilo tenta encaixar neste complicado tecido.

Aos 8 ou 9 anos, numa aula difícil de matemática, com um professor homem, enfia um lápis em seu ânus. "Sinto dor? Talvez prazer? Não posso saber…"

Aos 10, uma outra lembrança, com colegas mais velhos. Na saída da escola, numa rua estreita, forçavam um colega da mesma turma de Camilo, "baixavam suas calças e lhe enfiavam os dedos". Todos riam, Camilo também. Pensa que pode "ter sentido medo de que fizessem isso comigo. Ou talvez desejo de ser eu o penetrado". Mas reconhece que, ao mesmo tempo, "queria pertencer ao grupo dos fortes, à turma dos fodões, dos penetradores".

Elemento atual:

Perda de matéria fecal na cueca… "sempre fica um resto que acaba sujando a cueca, deve ser o cu laceado".

Assim, rapidamente, todos os caminhos conduzem a Roma... Homossexualidade...

Não obstante, insisto que há algo que o transborda, algo que se dispara nele, e que precisa encaixá-lo de alguma forma, mesmo numa nomenclatura, para ter alguma explicação. Sem explicação sente que enlouquece.

A passagem do pênis ao ânus como lugar de exibicionismo, o ânus quebrando seu pensamento, a angústia no corpo, o corpo tomando a seu cargo aqueles elementos inscritos e a possibilidade de transformá-los em enigma. Quando esses elementos não metabólicos o atravessam, Camilo deixa de ser ele, para ser um ânus que palpita, que pulsa, que se mexe, que grita, e que começa a falar. Ele é um ânus.

Há uma tentativa desesperada de dar um sentido que fixe e detenha o deslizamento energético. Que represente algo para ele e, como reforço, que represente algo também para os outros, embora ao preço de um pensamento paranoico. Transforma-o numa mensagem para ele e para os demais.

Rigidez de tradução que opera claramente do lado defensivo, fazendo uma leitura sequencial do código: ânus – pênis – penetração – prazer homossexual.

Seu ânus se encarrega (ou é carregado) de algo da ordem da angústia não metabolizável. Faz-se necessário mobilizar um processo de apropriação e recomposição de elementos.

Camilo fica capturado em um ato que remete a um posicionamento perante o irrepresentável.

Podemos pensar, à maneira da compulsão, que há uma aniquilação do sujeito, algo arrasa o sujeito e o aniquila; só lhe resta um ânus como resposta, seu pensamento implode, só tem um ânus, que talvez possa vir a chamar de seu, para pensar.

Continuamos por esses caminhos para que Camilo pudesse pensar e pensar-se.

Processo de análise como lugar privilegiado de ativação de representações propiciando também a emergência de elementos não metabolizados, não engastados na trama representacional.

A análise se estende por uns nove anos. Momentos de muita angústia no divã, e também na poltrona.

Camilo investe mais em seu trabalho com esculturas, e consegue um espaço numa exposição no exterior. O sucesso o compensa narcisicamente.

Trata de realizar, timidamente, aproximações carinhosas com seus filhos, muitas vezes em seu ateliê, propiciando momentos lúdicos para as crianças e para si mesmo. Surpreende-se do sabor que tem para ele essas experiências.

Recupera algumas lembranças com seu pai em que as brincadeiras eram desafiadoras, de adivinhar umas coisas muito complicadas, de caça ao tesouro, de contas e números que deviam resolver rápido. Uma outra imagem de pai.

Decide a separação com sua mulher em termos amigáveis. Espera iniciar um relacionamento diferente algum dia, embora não descarte a possibilidade de continuar sozinho pelo mundo. Sente-se bem assim.

Parte para morar no exterior. Tive, por algum tempo, notícias dele, em geral por meio de cartazes de exposições nas que participava e que ele me enviava, sem mais palavras.

Comentário de Silvana Rea

Ó pedaço de mim, ó metade exilada de mim[2]

Qualquer processo de análise refere a múltiplas narrativas: aquela que o paciente traz como entendimento de si, as que ficam de fora, e todas as outras que no decorrer do trabalho analítico são construídas pela dupla. O psicanalista é convocado a escrever mais uma delas pelas questões que surgem no campo transferencial. E, ao produzir uma escrita associativa e relacional como autor, ele também cria um campo transferencial com o seu leitor, estimulando associações e pensamento clínico (Green, 2014). É assim, como leitora, que me insiro neste circuito.

* * *

Conhecemos Camilo nas primeiras entrevistas, apresentando-se como o centro pelo qual passaram vários profissionais sem sucesso. Chega por meio de uma provocação: a analista conseguiria "fisgá-lo"? Outros falharam. Abalando o narcisismo da analista, ele busca deixá-la acuada pelo desafio ou seduzida pelo desejo de ser suficientemente interessante para tê-lo como paciente. E a posiciona em sua mira: está sendo avaliada. Afinal, a ludoterapeuta que não foi escolhida por ele nem conta, era um nada. Ser escolhido por ele não é para qualquer um. Camilo, portanto, se apresenta em um jogo de sedução e de poder, que indica o medo e o desejo de ligação. E o faz por meio de uma inversão engenhosa, uma vez que é ele quem joga a isca, ele é um pescador disfarçado de peixe.

A análise tem início quando, aproximando-se do consultório, é surpreendido pelo impacto violento da alteridade. Um acidente de trânsito faz com que se reconheça separado, responsável por ter

2 Versos de *Pedaço de mim*, de Chico Buarque.

ultrapassado o limite eu/outro que o sinal vermelho indicava. Um abalo que faz lembrar que o inimigo do narcisismo é a realidade do objeto (Green, 1988).

Aos poucos surge de forma ambígua a dificuldade para engravidar: de quem é a demanda, quem deseja um filho? E mais, de quem é a falha? Esta, pergunta que não cala. Inevitável pensar que, diferentemente do processo criativo da escrita ou da escultura, simbolizante, porém solitário, para gerar uma criança é necessário dois: um complementar à falta do outro. E como ele recusa ter falha e desejo, e reluta em abrir mão de se sentir ilimitado, localiza o problema no método que lhe impõe a castração no divã e na cama.

Portanto, Camilo se apresenta narrando-se a partir de suas defesas. A ele cabe jogar. Intelectualizar em posição de poder e de superioridade. E construir cenas exibicionistas para a analista, talvez tentando excitá-la com as suas qualidades de amante sem vínculos, mas de prazer garantido. São inúmeras as parceiras de sua "sexualidade mundana" voraz, que quer conquistar o mundo.

Aqui, trata-se do corpo. Há algo que busca falar pelo sensorial e motor que poderia indicar experiências arcaicas clivadas, não integradas, impedidas de se transformar em um sistema representacional (Roussilllon, 2012). A longa lista de variadas e descartáveis amantes, nesse sentido, poderia mostrar uma repetição em busca de integração, uma busca por apropriar-se de algo apartado, algo que ele não vê de si mesmo, mas, no entanto, mostra (Roussillon, 2013).

Talvez ele não tenha contado com um objeto cuja função simbolizante garantisse seus alicerces diante da intensidade pulsional que, sem contenção ou moldura, lançou mão da clivagem para dar um arremedo de contorno ao transbordamento. Uma defesa que cria a desconexão entre o psíquico (eu) e o não psíquico (outro), e também dentro da própria esfera psíquica, criando algo enquistado. Estratégia eficiente, mas que lacera a subjetividade entre parte representada e parte não representada. Assim, é possível que Camilo, aquele que se apresenta sem falhas, tenha sofrido falhas básicas no processo de construção de si. É possível que algo tenha ocorrido no processo de separação sujeito/objeto, prejudicando a instauração de um espaço simbólico "entre-dois", dificultando a experiência de "terceiridade" que permite o caminho da dimensão especular ao acesso à alteridade (Green, 1988; Roussillon, 2008).

De fato, sabemos que o outro, por seu estatuto de não eu, é sempre traumático. Pela problemática de Camilo, a possibilidade desse encontro, com o reconhecimento do objeto e o desejo por ele, pode representar uma ameaça ao equilíbrio e exigir proteção. Outra estratégia é tornar o objeto funcional para seu exercício sexual quase aditivo. Assim, ele garante que haja relação, mas, como ela é sem envolvimento, garante também que não haja falta. Um tipo de sexualização que mantém a integridade do eu porque o outro é um simulacro que não provoca imprevisto - como o acidente automobilístico que o surpreendeu ao se aproximar da analista -, uma vez que se está na sua própria dimensão (Green, 2000).

Por isso, também sua esposa, executiva em cargo de poder, fica prenha como um animal, desumanizada, dessubjetivada e desqualificada. Apresentada pelo negativo, ela não é mulher, não sabe ser mulher, na casa e na cama. Mas é ela quem dá à luz Antônio. Para Camilo, o *bell'Antonio*.

No filme de Mauro Bolognini, Marcello Mastroiani é Antonio, que deixa as mulheres "como gatas no cio", convictas de que o poder sedutor de sua beleza o torna o amante perfeito. Mas trata-se de um ideal impossível de atingir; para ele, sexo só com prostitutas ou criadas. Com as "mulheres-anjo" ele é o menino vulnerável de contato físico casto, feito de beijos, e de dormir de mãos dadas.

Sua fragilidade o aprisiona entre atender o desejo feminino que ele provoca e sustentar o lugar que lhe é exigido pelo pai, que precisa dos atributos do filho como suporte identitário.

Camilo se debate internamente entre aspectos dos personagens de Bolognini: Antonio e o pai. Talvez se identifique com seu filho recém-nascido, vulnerável na necessidade vital do outro, de quem ainda não pode se separar. Mas o contato com o próprio desamparo e dependência é insuportável e o leva a tomar a criança como alimento narcísico: ele deve ser "brilhante, o melhor aluno, o mais forte, o mais popular". O seu Antônio tem que ser *bello* para que Camilo mantenha-se psiquicamente organizado. Como o pai do filme, que cumpre seu dever de *maschio* morrendo nos braços de uma prostituta, está encarcerado em uma trama mortífera, em que a sexualização é usada defensivamente para sustentar o sentido de ser.

Aqui encontramos um espelho que só reflete uma imagem de eu ideal, depositário da idealização da onipotência e da perfeição infantil (Freud, 1923/1969). Impedido de abandonar o objeto e de efetuar o luto deste narcisismo sob pena de provocar uma perda do eu, Camilo se encontra em clausura. Por isso, diferentemente do *bell'Antonio*, ele não transa com prostitutas. Ao pagar, reconheceria o estatuto separado e autônomo da alteridade, tendo recebido algo que desejava e não possuía. E se colocaria como desejante, lugar que evita ocupar a qualquer preço. Ademais, ao propor o jogo da sedução oferecendo-se à fantasia alheia, ela retira de Camilo o poder de atribuir as regras da encenação por meio da qual ele excita o desejo do outro. Ainda, o pagamento à profissional do sexo evidenciaria o aspecto clivado que o faz, como ela, mestre da prática sexual sem ligação, técnica e muito eficiente. Evidenciaria que há um menino em sofrimento na performance do *maschio* exibicionista.

Portanto, aquilo que aparece como o aspecto predatório voraz e sexualizado, esconde, ao mesmo tempo que revela, a problemática narcísica: a ameaça de intrusão e de dispersão, o medo do abandono, da dependência em relação ao objeto, de se sentir vulnerável. Perigos que o impedem de ter relações próximas ou de intimidade, e o levam a se proteger em encontros com características masturbatórias (Green, 2000).

Inevitável reconhecer que há uma destrutividade neste jogo de dominação, mas ela fica mais explícita no período de crise criativa, uma inibição nas possibilidades simbolizantes e prenúncio do colapso que estava por vir.

É fato a eficácia da clivagem em deixar certas partes exiladas. Mas elas não se conformam e pressionam para se fazer integrar, exigindo um esforço defensivo extenuante, uma vez que o retorno do clivado pode ser desestruturante (Roussillon, 2008). Em algum ponto do processo analítico, as defesas se abalam. E pelas fendas surge o desamparo, trazendo com força o ódio à necessidade do objeto. Agora, Camilo não joga com a sedução; há a franca hostilidade no campo transferencial, momento difícil para a analista, a quem tenta invadir e violentar com palavras. Violenta antes de correr o risco de ser violentado? O funcionamento pelo qual centrava sua atividade no campo corpóreo e motor agora tem uma torção; a ação passa às palavras, palavras-ato provocando reações contratransferenciais intensas (Green, 1988).

À beira do colapso, Camilo começa atuações "quase perversas". Ataca a esposa, a analista, se excede no uso de drogas. Agarra-se em Sade na tentativa de se costurar narrando-se "aos pedaços", de suturar o tecido roto que esgarça cada vez mais. Para salvar o seu sentido identitário, cola-se em Sade no elogio à ereção despótica; pura ilusão de poder. Em Sade, cujos atos, nas palavras de

Roudinesco (2008), "não traduzem senão uma trágica impotência de dizer" (p. 728).

Certas defesas perversas podem se organizar em torno do interjogo de hostilidade e desejo sexual em relação ao objeto como meio de proteção à subjetividade ameaçada. São fantasias de vingança colocadas em ato ou em palavra-ato movidas pelo ódio e pelo medo, e que têm como função converter em triunfo adulto algo do traumático infantil que foi vivido passivamente (Stoller, 2014).

Mas Camilo reconhece que precisa: da analista, de mais sessões, do psiquiatra. Ele teme precisar, sofre, reluta em reconhecer o outro, tem dúvida se o protegerá ou será invasivo. Ele briga, desabona o objeto, tece fantasias persecutórias. As fendas se alargam e suas mal edificadas fronteiras se rompem sob a pressão de fortes angústias de fusão, invasão e separação. A alteridade ameaça, "ver o farol em vermelho assusta", como no acidente de trânsito ocorrido ao vir para a análise.

Marcado pelo funcionamento sensorial e motor, Camilo tenta organizar-se psiquicamente em torno de um ponto concreto: o ânus, buraco por onde seu frágil sentimento identitário escoa. É o lugar escuro do não representável, do que está "fora de controle"; ele lateja de excitação e de dor. Pelo orifício anal vazam as lembranças esquecidas, os delírios, aquilo que estava sem lugar em sua narrativa: a violência da intrusão materna detalhando noites de alcova, o marido bêbado, o ato sexual consumado à revelia, o pai exibicionista, o choro, a polícia. Lembra da piscina, do calção largo, da curiosidade, do ódio, do medo. Situações que nos ajudam a entender a falta de uma moldura confiável, a falha na estruturação de si, a dificuldade de investir nos objetos, desobjetalizando-os, e a necessidade de exercer domínio sobre eles.

Os conteúdos do traumático seguem: o lápis e os dedos no ânus invertem a posição penetrar e ser penetrado e se ligam à atividade de triunfo sobre as mulheres, algo que já mostrara no jogo de quem pesca e é pescado da primeira entrevista. Pelo orifício anal também escapa matéria fecal. Camilo escorre e tenta se segurar em uma forma identitária qualquer, uma narrativa que o contenha em algum espaço representacional para que não se perca por completo: sou homossexual, sou o fodão, sou... tudo.

Ao longo de anos de "muita angústia no divã e também na poltrona", a narrativa de Camilo encontra outros caminhos. Faz as pazes com seu trabalho criativo e com a analista, compondo nova sutura. À medida que o sucesso profissional e o reconhecimento de seu talento o compensam narcisicamente, algumas ligações amorosas aparecem de forma tênue com os filhos, com o pai e com a esposa, agora ex.

Ele parte sozinho pelo mundo, exila-se por inteiro, concretamente, deixando a família e a analista. Agora, ter um relacionamento diferente do usual apresenta-se como uma possibilidade, ainda que débil. Mantendo a distância protetora, faz-se presente por meio dos cartazes das exposições, sem palavras – via *princeps* de ligação no processo analítico. Suas partes exiladas já estariam ditas por meio do processo de representação simbólica pela arte? Ou enquanto hábil pescador, ele joga a isca certeira para fisgar a analista?

Referências bibliográficas

Bolognini, M. (Diretor) & Bini, A.; Del Duca, C. (Produtores). (1960). *Il bell'Antonio.* [DVD]. Itália: Continental. Roteiro adaptado do romance homônimo de Vitaliano Brancati (1949).

Buarque, C. (1978). *Pedaço de mim* [Gravada por C. Buarque]. In Chico Buarque [vinil]. Rio de Janeiro: Phillips Records.

Freud, S. (2010). Introdução ao narcisismo. In S. Freud, *Obras completas* (Vol. 12, pp. 13-50). Companhia das Letras. (Trabalho original publicado em 1914).

Freud, S. (1969). Luto e melancolia. In *Edição standard brasileira das obras psicológicas completas de Sigmund Freud* (Vol. XIV, pp. 275-291). Imago (Trabalho original publicado em 1923).

Green, A. (1988). *Narcisismo de Vida, Narcisismo de Morte*. Escuta.

Green, A. (2000). *As cadeias de Eros*. Climepsi.

Green, A. (2014). *El pensamiento clínico.* Amorrortu.

Roudinesco, E. (2008). *A parte obscura de nós mesmos: Uma história dos perversos*. Zahar. Ebook.

Roussillon, R. (2008). Traumatisme primaire, clivage et liaison primaires non symboliques. In *Agonie, clivage et symbolisation* (pp. 35-50). PUF.

Roussillon, R. (2012). As condições da exploração psicanalítica das problemáticas narcísico-identitárias. *ALTER – Revista de Estudos Psicanalíticos, 30*(1), 7-32.

Roussillon, R. (2013). Teoria da simbolização: a simbolização primária. In B. B. Savietto, L. C. Figueiredo & O. Souza (Orgs.), *Elasticidade e limite na clínica contemporânea* (pp. 119-140). Escuta.

Stoller, R. J. (2014). *Perversão: a forma erótica do ódio*. Hedra.

Comentário de Daniel Kupermann

O testemunho de um ânus-boca

1. O pavor de Camilo: foi a primeira questão que a leitura do instigante relato de caso intitulado *Um corpo de angústia* me despertou. Uso a palavra pavor (*Schreck*, diz Freud (1920 [1980]), referindo-se ao afeto traumatizante), e não angústia, entendendo que para o sofrimento de Camilo contribuem não apenas a "angústia sinal" capaz de acionar defesas neuróticas, mas também a "angústia automática" presente em suas compulsões – ambas discriminadas por Freud (1926/1980a) –, bem como "angústias traumáticas" ou "impensáveis", assim nomeadas respectivamente por Ferenczi (1933/1992c) e Winnicott (1958/2000) em sua ampliação do campo da escuta psicanalítica para os sofrimentos de difícil diagnóstico, entre a neurose "grave" e a psicose inequívoca.

2. *A coragem da analista de Camilo* (nossa colega anônima, CA): Nossa colega CA aceita o convite da seção "Debates clínicos" de *Percurso* e nos apresenta um caso bastante difícil – dificuldade diagnóstica, manejo clínico delicado diante da intensidade de Camilo e mesmo diante dos seus ataques no *setting*, da tensão extrema do campo analítico, do impacto da agonia e da presença ruidosa do corpo pulsional do analisando, exigindo grande trabalho de perlaboração da contratransferência. Trata-se, talvez, de um caso de análise interminável para ambos, que permanecem perlaborando as ressonâncias afetivas desse encontro anos depois de encerradas as sessões. Há algo do estilo de Camilo transmitido no relato de sua analista, como se se tratasse aqui de chacoalhar também o leitor/interlocutor. Há algo de ousado na condução dessa análise e também no gesto ético de exibição – e não de exibicionismo – da nossa CA (Marcuse, 1978), que convoca nosso pensamento teórico-clínico para além do conforto das concepções instituídas de psicanalisar. Esse testemunho que tivemos o privilégio de ler indicaria alguma coragem também da parte de Camilo?

3. *O priaprismo*: Camilo admira Sade: "os homens são déspotas quando estão em ereção. Eu sou um déspota em ereção permanente".

Em sua leitura do mito da Medusa, Freud (1940[1922]/1980b) interpreta o efeito de a Medusa transformar os mortais que a encaram em pedra como uma compensação viril, um consolo, o enrijecimento confirmando para o espectador que ainda se acha de posse de um pênis. Porém, se Camilo vive em estado de priaprismo, é porque vive a experiência intolerável de um horror que não se reduz à angústia de castração. Daí buscar, como indica Ferenczi (1926/1993) em "O problema da afirmação do desprazer", se livrar desse afeto gozando "até a última gota". Afinal, a virtude diferencial sadiana não é exatamente a onipotência, mas a apatia (cf. Lacan, 1966/1998); esta parece acenar como ideal para Camilo, que experimenta o sexo como o bom emprego de uma técnica a serviço de um gozo catártico. Menos da *ars erotica* oriental, mais da compulsão sadiana. A apatia indicaria a Camilo o caminho para a terra prometida do anestesiamento da agonia que *dor*mita em suas entranhas.

4. *Os "ataques"*: em determinado momento da análise, Camilo dirige à sua analista investidas sexuais entendidas como uma intensa "transferência agressiva erótica", e sua fala se torna despudorada, crua. A analista se apercebe que a violência de Camilo ameaça o *setting*, provocando uma arriscada contratransferência negativa que poderia impedi-la de pensar; fantasia o abandono do tratamento e o alívio decorrente. No entanto, tem sucesso em reassegurar, com auxílio de um efetivo enquadre institucional – intercâmbio com colegas, leituras e supervisão – e da sobrevivência de seu "enquadre interno", a continuidade da análise (cf. Green, 2000). Não seria isso, justamente, o que faltava a Camilo? Um enquadre ambiental que o possibilitasse pensar, sentir e agir, contendo o transbordamento do seu ódio, preservando-o, assim, da saída projetiva que alimentou seu núcleo paranoico?

Imagino que a capacidade da analista em suportar os ataques de Camilo e em perlaborar seu próprio ódio foi o que permitiu a Camilo confiar e suportar a despersonalização advinda da regressão em análise, responsável pelo aparecimento de seu eloquente ânus na cena analítica. Lembro da metáfora evocada por Ferenczi (1928/1992b) do psicanalista como "João-teimoso", o boneco que suporta as trombadas das brincadeiras infantis, se enverga, mas não perde o prumo.

A última provocação à analista, dirigida ao fato de ela não ceder às suas interpelações eróticas, revela a confissão do desespero de Camilo: "é porque você fica agarrada a uma ética babaca e ultrapassada, mas seguramente morrendo de vontade". Camilo sabe o que é a vontade de morrer. Não seriam seus "ataques" a expressão última das resistências do Isso à regressão necessária ao seu processo de análise?

5. *A obscenidade*: Camilo transita pelos confins da experiência do inconsciente, bordeja seus limites. Limites da suportabilidade da angústia, limites do *setting*, limites da linguagem, limites do corpo. Ao mesmo tempo, empenha-se no trabalho de análise, aumenta as sessões quando preciso, busca a palavra capaz de dizer o que só seu ânus conseguiu manifestar, quando sua analista conquistou a confiança necessária para permitir sua regressão em análise. Sua boca-ânus evacuava as palavras obscenas que atingiam a analista, feriando-a. Seu ânus-boca expressa a dor de viver em um mundo de interpenetrações sádicas. Mera catarse?

Em "Palavras obscenas", ainda nos primórdios da aventura psicanalítica, Sándor Ferenczi (1911/1991a) forçava os limites da regra fundamental convidando seus pacientes a utilizarem os termos populares – ao invés dos termos técnicos usualmente empregados nas análises daquele tempo[3] – para se referirem à sexualidade, acreditando assim atingir a potência expressiva máxima da associação livre. Seu projeto era convocar a "outra cena" oculta – *obscena* – ao espaço analítico, acreditando assim resgatar a potência criadora da "linguagem da ternura" (Ferenczi, 1933/1992c). Mesmo sabendo não ser possível desenvolver aqui todos os elementos da teoria da linguagem implícita na sua obra, é suficiente dizer que, para o psicanalista húngaro, haveria no sofrimento psíquico uma ruptura da ponte existente entre a obscenidade e a ternura que deveria ser suturada pelo franqueamento da associação livre. Isso porque, na origem da expressão linguageira, estaria o corpo pulsional, motor da constituição das relações simbólicas e do sentido de viver, em permanente expansão em direção aos objetos, caracterizando um processo nomeado de "sexualização do universo", ou mais simplesmente "introjeção" (Ferenczi, 1912/1991b, 1913/1992a).

Exercitando nossa sensibilidade empática, podemos considerar que Camilo buscava palavras que lhe permitissem atribuir algum sentido ao campo afetivo mobilizado pela experiência transferencial. E, graças à sobrevivência e à não retaliação da sua analista, foi possível a regressão – da boca-ânus efetivamente afásica ao ânus-boca capaz de testemunhar as intrusões traumáticas sofridas. Desse modo, Camilo pôde resgatar junto à sua analista a experiência da ternura vitalizante oculta sob a capa da sua pseudo genitalização.

É mesmo comovente a observação de nossa colega CA: "os conteúdos eróticos sempre foram falados no divã. Nunca houve um olhar para trás ou um movimento corporal de aproximação. Terminada a sessão, Camilo se levantava, evitava meu olhar

---

3 Mesmo hoje, muitos analisandos, ao contrário dos cidadãos que ocupam nossos ministérios, ainda pedem permissão para falar palavrões ou obscenidades durante as sessões.

e estendia sua mão, falando 'até a próxima'". Essa preservação do *setting*, que poderia aparentemente contrastar com o sadismo violento de Camilo e com diagnósticos que poderiam sugerir sua inanalisabilidade, parece mais revelar sua necessidade de regressão na transferência; e, também, a qualidade do suporte afetivo oferecido pela nossa colega CA.

6. *As intrusões*: na história construída por Camilo encontramos a matriz mais nefasta do acontecimento traumático, o "terrorismo do sofrimento" promovido por uma mãe incontinente (Ferenczi, 1933/1992c). Camilo foi eleito o confidente da miséria libidinal de Joana, que, segundo perspicaz comentário da analista, "o violenta pelos ouvidos, um orifício que não pode tampar". *Joana faz de Camilo a testemunha impotente que não tem como satisfazê-la, e não sabe como protegê-la.* Essa situação de inversão nas posições de cuidado nos permite considerar que Camilo sofreu experiências traumáticas precoces o suficiente para comprometer sua vivência primária de "amor objetal passivo", obrigando-o a manejar um ambiente hostil e a identificar-se com objetos de tonalidade persecutária. Seu pai é um exibicionista notório. Uma cena evocada na análise sugere que o pai lhe mostra sedutoramente o pênis. Camilo parece mimetizar esse sintoma na vida adulta (seu "priaprismo"), como tentativa de tornar ativa a experiência de passividade/impotência experimentada. Na infância, a saída parece ter sido introduzir objetos no ânus – no seu e no dos outros –, esse orifício que se pode tampar. Às custas, porém, de um delírio paranoide de que os homens poderiam ver seu ânus por baixo das roupas. Sua homofobia parece, como indica sua analista, encobrir o horror à passividade primária, testemunhado por suas contrações e relaxamentos esfincterianos. Camilo vive com o "cu fechado", como diz a expressão popular universalmente conhecida, camuflado pelo semblante de supermacho priápico.

7. *A narrativa em pedaços*: a escrita libertina, bem como as esculturas grandiosas transformando objetos metálicos pontiagudos, são consideradas por Camilo formas de se narrar "em pedaços", assim como a língua ferina e as emanações anais. Camilo e sua analista nos instigam a pensar o estatuto da narrativa na clínica, particularmente dos casos-limite, nos quais os fragmentos são o indício possível. Em contrapartida, nos recordam que é preciso considerar que, para além do primado das representações, uma escuta efetiva não se faz apenas com as orelhas, exigindo a participação de todos os poros que tornam o analista permeável ao testemunho daquele que sofre.

Referências bibliográficas

Ferenczi, S. (1991a). Palavras obscenas. Contribuição para a psicologia do período de latência. In *Psicanálise I*. Martins Fontes. (Trabalho original publicado em 1911).

Ferenczi, S. (1991b). O conceito de introjeção. In *Psicanálise I*, Martins Fontes. (Trabalho original publicado em 1912).

Ferenczi, S. (1992a). Ontogênese dos símbolos. In *Psicanálise II*. Martins Fontes. (Trabalho original publicado em 1913).

Ferenczi, S. (1992b). Elasticidade da técnica psicanalítica. In *Psicanálise IV*. Martins Fontes. (Trabalho original publicado em 1928).

Ferenczi, S. (1992c). Confusão de língua entre os adultos e a criança. In *Psicanálise IV*, Martins Fontes. (Trabalho original publicado em 1933).

Ferenczi, S. (1993). O problema da afirmação do desprazer (progressos no conhecimento do sentido de realidade). In *Psicanálise III*. Martins Fontes. (Trabalho original publicado em 1926).

Freud, S. (1980a). Inibições, sintomas e ansiedade. In *Edição standard brasileira das obras psicológicas completas de Sigmund Freud* (Vol. 20). Imago. (Trabalho original publicado em 1926).

Freud, S. (1980b). A cabeça de medusa. In *Edição standard brasileira das obras psicológicas completas de Sigmund Freud* (Vol. 18). Imago. (Trabalho original publicado em 1940[1922]).

Green, S. (2000). Le cadre psychanalytique et son intériorisation chez l'analyste. In A. Green & O. Kernberg. *L'avenir d'une désillusion*. PUF.

Lacan, J. (1998). Kant com Sade. In *Escritos*. Zahar. (Trabalho original publicado 1966).

Marcuse, H. (1978). *Eros e civilização: Uma interpretação filosófica do pensamento de Freud*. Zahar.

Winnicott, D. W. (2000). Memórias do nascimento, trauma do nascimento e ansiedade. In *Da pediatria à psicanálise: Obras escolhidas*. Imago. (Trabalho original publicado em 1958).

Debates clínicos 14: caso Dolores[1]

João A. Frayze-Pereira (Apresentador)

Maria José de Andrade Sousa e Renato Trachtenberg (Comentadores)

Apresentação de João A. Frayze-Pereira

Dolores iniciou sua análise comigo aos 20 anos de idade, quando ainda era estudante universitária. Nasceu e viveu na fazenda de seus avós, pessoas de princípios éticos rigorosos, até os 18 anos, quando veio para São Paulo, capital, fazer vestibular. Suas queixas iniciais resumiam-se às frequentes dores de cabeça que a perturbavam muito, desde menina. Chegou a consultar médicos na sua cidade natal, submetendo-se a tratamentos, sem obter sucesso. E, em São Paulo, consultou um neurologista que, após exames, encaminhou-a para "terapia", pois as "crises de enxaqueca poderiam ter um fundo emocional". Em nosso primeiro encontro, Dolores relatou que, desde sua vinda para São Paulo, as crises se tornaram mais intensas, perturbando-a "no trabalho e nos estudos". Elas aconteciam sem aviso prévio e exigiam que se retirasse para um ambiente escuro, onde buscava ficar só, consigo mesma, em

1 Publicado na revista *Percurso* n. 65, dezembro de 2020.

silêncio, tentando "recuperar a cabeça". A recorrência desses episódios deixava Dolores muito angustiada, pois como poderia enfrentar o mercado de trabalho? Mais do que isso, como seria possível ter autonomia financeira para colaborar em casa, liberando seus avós do suporte material que lhe davam? Toda essa tensão manifestava-se visivelmente no semblante de Dolores, que se apresentava sempre muito séria, com a testa contraída, portando óculos escuros que escondiam o seu olhar.

Ao longo do primeiro ano da análise, fico sabendo de particularidades da sua vida na fazenda, da sua família numerosa, da vida escolar na cidade mais próxima, em que se destacava como aluna exemplar. E percebo, então, a saudade que ela sente dessa "vidinha no interior" e a sua vontade de retribuir aos avós a "boa educação" que ofereceram a ela.

Dolores é filha de uma moça que, aos 17 anos, engravidou de seu primeiro namorado, igualmente muito jovem. Esse fato desencadeou uma tragédia familiar, a começar pela ação do avô materno, que não só proibiu definitivamente o rapaz de visitar a filha caçula e de conhecer a neta, após seu nascimento, como o acusou judicialmente por crime de abuso, fato que o levou a ter que se afastar da vila, indo para outra cidade, onde passou a residir. Além disso, quando Dolores contava com 2 anos de idade, sua jovem mãe veio a falecer num acidente doméstico. A paciente relatou-me que não tinha certeza do que teria acontecido à sua mãe. O que sabia lhe fora contado por seus avós, tios e tias: sua mãe havia se ferido em casa, foi levada às pressas ao hospital, onde veio a falecer. Dolores suspeitava que algo mais não havia sido dito e, desde a adolescência, sabendo que seus pais não puderam ficar juntos, começou a ter dúvidas se teria sido morte acidental ou suicídio. A sombra espessa desse misterioso episódio projetou-se sobre minha analisanda, que, na infância, por um lado, esperava o retorno de sua mãe, como se não acreditasse no seu definitivo desaparecimento;

por outro lado, dada essa espera frustrada, sentia raiva de sua mãe, que a teria abandonado sem se despedir. A tensão decorrente desse conflito entre os sentimentos de falta e raiva da mãe foi tema de muitas sessões e, pouco a pouco, relacionado por Dolores às suas dores de cabeça, dividida entre esses dois polos emocionais. E o recurso ao ambiente escuro e silencioso que se mostrava necessário para restaurar, ainda que temporariamente, a sua integridade psicossomática, foi associado por Dolores ao interior do corpo de sua mãe, que deveria ter sido, disse ela, um "lugar aconchegante, escuro e silencioso".

Devo admitir que, desde o início da análise, percebi a grande compaixão evocada em mim pela situação existencial dessa analisanda, dados o seu sofrimento e a sua coragem para enfrentá-lo. E também percebi que ela demandaria de mim a disposição para uma ampla e profunda continência das suas dores. Admitindo ser essa uma condição importante para a instauração da sua confiança na análise, assim como do seu desenvolvimento, perguntei-me: até que ponto seria eu capaz dessa disposição?

O tempo passa e Dolores considerou a possibilidade de encontrar seu pai, com o qual teve pouquíssimo contato. E o encontro veio a acontecer, depois de intensa procura, num primeiro momento, via internet e, num segundo, pessoalmente – encontro que motivou muita dor de cabeça. Entretanto, lentamente, veio a estabelecer com o pai, que residia em São Paulo e constituíra uma família com dois filhos, certo relacionamento, ainda que difícil. Profissionalmente bem-sucedido, homem de poucas palavras, não deu à filha o que ela esperava receber dele: o nome. "Eu não pedi e ele nunca ofereceu" – disse ela, num momento de raiva, lembrando que em seus documentos continuaria a constar apenas o nome da mãe. Essa frustração levou Dolores a investir mais em sua análise, passando de duas para três sessões semanais, a pedido dela, pois, segundo disse, "com esse tratamento acredito que vou conseguir ultrapassar essa situação que me deixa infeliz". E, de fato, em pouco tempo, veio a reconhecer seus avós como bons substitutos simbólicos de seus pais – "eles me criaram como filha deles e eu sou muito agradecida. O que teria sido de mim sem a criação que deles eu recebi?".

Assim, mostrando-se uma pessoa sensível, inteligente, estudiosa e com certa capacidade para sentir gratidão, Dolores desenvolveu-se em várias frentes. Por um lado, graduou-se na universidade, fez mestrado, doutorado, ingressou numa expressiva instituição na área da saúde, tornando-se uma profissional respeitada. Por outro lado, casou-se e, elaborando o medo da repetição do trauma que marcou sua família, engravidou. Em suma, desenvolveu-se como mulher capaz de ter prazer na vida profissional e familiar. E, sobretudo, durante o longo período de análise, enterrou os seus mortos e, entristecida, fez os lutos correspondentes – avô, avó, pai, que faleceram enquanto ela estava em análise, e a mãe, cujo túmulo, em sua cidade natal, se encarregou de reconstruir. Finalmente, foi surpreendida com a herança que seu pai lhe deixou, herança que aceitou receber após certa reflexão: "se ele não me deu o nome dele, não foi por vontade própria, mas porque foi impedido... Com essa herança, entendo que ele me reconheceu... É estranho, mas, hoje, eu me sinto filha dele e estou bem com isso". E, com esse patrimônio, adquiriu uma casa, onde passou a residir.

As situações clínicas que narro a seguir são recortes de um processo que durou quinze anos. São situações significativas na medida em que definem, segundo a própria analisanda designou, *a posteriori*, o "mito de origem da sua enxaqueca". Ou seja, certa noite, ainda menina, quando já estava pronta para dormir, Dolores viu surgir, na parede de seu quarto, a figura sombria de uma bruxa, que se aproximou e, com um passe de mágica, instaurou nela a dor de cabeça. As situações narradas a seguir aconteceram algum tempo antes do encontro entre Dolores e seu pai, no contexto de uma sucessão de crises de enxaqueca que coincidiram com minha mudança de consultório: a nova sala, como a anterior, era pintada de branco e com iluminação de baixa intensidade; porém, tinha uma parede texturizada diante da qual a analisanda ficava voltada, ao se deitar no divã.

Nesse contexto, Dolores chega à sessão, dizendo que está sem assunto e, após longo silêncio, começa a chorar. Falando muito baixo, encolhida no divã, diz – "é a parede, estou com medo dessa parede… [silêncio] … Não é da parede, é da bruxa… [silêncio] … Não dá pra ver o rosto dela, está meio de lado, mas ela está ali…". Dolores chora baixinho, encolhida, e diz que há outras caras, repetindo a frase – "estou com medo, quero ir embora, quero sair daqui…".

A. Calma, eu estou aqui com você.

D. Não gosto dessa parede, por que você foi fazer assim?

A. Você acha que essa parede foi feita para assustar você?

D. [Silêncio] Sim, eu achei que sim… Mas, agora, não acho mais, porque, no meu tempo de menina, eu via a bruxa na parede do meu quarto e a parede era lisinha. E eu sentia, como agora, muito medo [continua chorando, falando muito baixo, encolhida]. A minha sensação é estranha. É um medo que não é exatamente um medo. É uma aflição. Ela me assusta como um fantasma [silêncio]. Quando eu era pequena, meu avô contava umas estórias espíritas. Ele dizia que visões como essa eram visões de um espírito. Eu ficava assustada. Depois, quando eu comecei a ler uma literatura espírita, passei a entender melhor, mas eu sempre tive muito medo porque tudo podia ser uma manifestação do além – as sombras nos caminhos, os barulhos no assoalho da casa… Essa parede aqui é cheia de sombras e, no jogo do claro-escuro, forma uma cara…

A. Como é a cara da bruxa?

D. Eu não vejo a cara dela, nunca vi... Ela sempre aparece de perfil. Mas, uai, parece que ela não está mais ali... Ela sumiu? [permanecendo em silêncio, Dolores, pouco a pouco, para de chorar, o ritmo da sua respiração relaxa e o tempo corre até o final da sessão] Ainda estou um pouco ansiosa... com medo dessas coisas muito fundas.

A. Parece que o medo agora é outro.

D. Sinto raiva porque ela aparece, me assusta e vai embora. E eu fico com medo de me perder, medo de perder o controle de mim mesma.

Nas sessões posteriores, o medo da figura da bruxa retorna. Dolores diz que tem estado apreensiva, perguntando se a bruxa reapareceria na parede, mostrando-se aliviada por não ver nada ali. E, nesse fluxo associativo, ela se pergunta como seria a cara dela, uma vez que ela jamais fora vista. Então, eu indago – "você lembra de ter visto ou ouvido falar de alguma bruxa?". E, prontamente, ela responde – "Sim, na fazenda, na vila mais próxima, a gente sabia de umas benzedeiras às quais minha avó chegou a me levar, justamente por causa das dores de cabeça. E eu mesma, que sempre gostei de ler, adorava os contos de fadas em que sempre tem uma bruxa". A partir daí a nossa conversa versou sobre fadas e bruxas, os poderes de umas e outras, relembrando as suas estórias preferidas, lidas para ela por sua avó ou por ela mesma, sempre antes de dormir. E, durante essa conversa, era perceptível a satisfação de Dolores ao contar para mim essas ficções que ela adorava e que, vez ou outra, eu completava com algum detalhe, interação que para ela fazia sentido, pois significava que tínhamos um saber compartilhado, como ela diz – "nós dois sabemos das bruxas". Nesse contexto, ela diz que sempre achou que a sombra da bruxa na parede, vinda do além, surgia como castigo por alguma coisa que ela teria feito, sem que ela soubesse o quê. E, nesse momento, quase no final da sessão, observo: "nas histórias que você contou, as meninas perseguidas pelas bruxas, quase todas, são órfãs...". Dolores fica em silêncio até o final da sessão. Mas, antes de sair da sala, diz – "é verdade que são órfãs, mas, no final das histórias, sempre viram princesas e vivem felizes para sempre. Será esse o meu destino?".

Passado esse período de muitas associações, Dolores chega à sua primeira sessão da semana, dizendo estar sem assunto. Sente que está vazia, esquisita, sentindo que teria coisas a dizer, mas que muito dificilmente poderia dizer com as palavras... [silêncio]. E, pela primeira vez, declara ter tido sonhos, mas não consegue discorrer sobre eles. "São imagens, apenas imagens", diz ela [silêncio]. "Num dos sonhos", continua, "é como se eu estivesse dentro de uma caverna, mas é uma caverna-cenário, uma falsa caverna com paredes de papelão, iluminada por dentro, mas vazia, sem coisa alguma para eu ver. E eu não me lembro de mais nada, nem do que aconteceu antes, nem do que vem depois. Esses pedaços são de uma escuridão total".

A. É como se a verdadeira caverna fosse feita desses dois pedaços, o antes e o depois, escuros. A falsa caverna é o que se mostra a você no sonho, um espaço vazio que lhe é dado ver.

D. É mera aparência de algo muito maior... [silêncio]. Enquanto eu estava na sala de espera, vendo uma revista, eu li uma reportagem sobre uma exposição do Tiziano em Veneza [Penso: Veneza lembra o nome da mãe da paciente – Vanessa]. Falava que ele pintava mais de uma vez um mesmo quadro. Numa das telas, ele deixou aparecer um pedacinho da pintura antiga, no canto do quadro. É de uma cor vermelho escuro, um vinho. Então, essa cor me fez lembrar um outro sonho do qual só me lembro da cor. Não é exatamente a cor do Tiziano, não é tão escura, mas é na linha dos vermelhos.

A. O vermelho veneziano fica no antes e no depois do aparecimento dessa cor mais clara.

D. É como se houvesse uma coisa que não se mostra totalmente no sonho, que eu só vejo e não consigo falar. É imagem, uma coisa anterior à fala... É uma coisa diferente da palavra. Mas, pensando agora, acho que pode ser anterior à fala, sim. É como se eu visse o vermelho sem saber exatamente o que estou vendo... [silêncio]. Ai meu Deus, será que é isso? Meu Deus... Na semana passada, eu estava na aula de inglês e, na hora do café, a professora contou uma história de quando ela morava na Inglaterra. Certo dia, ela estava num restaurante e houve uma explosão na cozinha e, de repente, entrou na sala o cozinheiro em chamas... Ao ouvir isso, eu me senti mal, saí de perto e não quis ouvir mais nada... Aquela história, na hora, me deu dor de cabeça... Mas, agora, falando com você desse sonho, meu Deus, eu acho que estou lembrando... Eu estava na casa do meu vô, na sala, no colo da minha avó, e, de repente, saiu da cozinha uma coisa em chamas, ela se mexia, acho que os braços, os cabelos desgrenhados, parecia uma bruxa... Todo mundo começou a gritar... Acho que era minha mãe [chora muito e a emoção toma conta da atmosfera da sessão].

A. [após algum tempo] você lembrou o que não era possível dizer.

D. [chora] eu sempre quis lembrar, meu Deus, ela pegou fogo... tadinha, que dor ela deve ter sentido... Ai, está doendo a minha cabeça [põe as mãos sobre a testa], meu Deus, tá doendo... É uma dor diferente, não é ardida como a enxaqueca... [chora]. Não está ardendo os olhos, é mais aqui na testa...

A. Você disse que não é uma dor ardida?

D. Sim, quando tenho enxaqueca fica ardendo os olhos, as têmporas...

A. É como fogo, fica queimando...

D. Eu vi o fogo [chora muito]. Mas, agora, não está assim, é mais como se fosse um peso. Eu estou sentindo como eu sentia quando meu vô me dava um passe.

A. Você se deu um passe, você fez uma passagem.

D. [chorando] ... Não fiz sozinha, você me ajudou sem me aterrorizar, diferente do meu vô, que me contava umas histórias que me aterrorizavam. Eu é que contei e você me ajudou a lembrar a minha história, sem me assustar e eu pude me ouvir [silêncio]. Eu pude me ouvir porque eu não me sinto mais como era antes, acho. Eu nunca soube ao certo o que aconteceu com a minha mãe. Agora eu sei que eu vi, eu estava lá, ela pegou fogo na cozinha... Naquela época, o fogão era à lenha, um fogão enorme, perigoso pra acender... Foi mesmo um acidente, como eles me contaram. Eu não tive culpa [voz muito embargada].

A. Não foi uma bruxa que você viu.

D. Não, não foi... foi a minha mãe... ela morreu.

O tempo passa. Dolores diz sentir-se deprimida e, pela primeira vez, afirma: "eu sinto falta dela". O minuto de silêncio que se faz pelos mortos passa a ocupar os cinquenta minutos de várias sessões. O tempo passa mais um pouco e, quebrando o silêncio cerimonial, com a voz pausada, Dolores relata um sonho.

D. Eu estava no mato, lá no interior, andando por um atalho. Estava escurecendo, quando chego à casa de um senhor que na minha infância tinha fama de curandeiro, uma espécie de bruxo. Eu tinha medo dele. Mas, no sonho, não. Apareceu a casa dele, a sala com uma lamparina morta que fazia sombras bruxuleantes nas paredes. Não senti medo. Eu percebi que estava com a minha bolsa com todos os meus documentos dentro dela. Aí eu acordei.

A. Esta sua análise tem servido para você narrar a sua história e se sentir confiante para pensar sobre o que sabe de si mesma.

D. Você é um bruxo que não me assusta. Aliás, estive pensando que você não me assusta, mas me irrita. Você é sempre assim bonzinho? Sempre com esse sorriso zen, feito um buda, me dá uma raiva. Nossa, acho você um babaca!

A. Você está com raiva da paciência que tenho com você, da minha maneira de escutar as suas histórias, diferente da maneira que você conhece, a do avô autoritário que, como um bruxo, aterrorizava você com as histórias que contava. Aqui, apesar daquela parede, você parece à vontade para expressar a sua raiva, pondo a cabeça para pensar, sabendo que a dor não vem do além, mas do fundo de você mesma.

D. [longo silêncio]

A. Você sempre foi uma boa neta e aluna exemplar, com dificuldade para expressar a raiva. E talvez essa dificuldade tenha contribuído para deixar a sua cabeça pegando fogo, gerando enxaqueca.

D. [continua em silêncio]

Nesse momento, lembro de *A casa de Bernarda Alba*, peça teatral escrita por García Lorca, que narra o seguinte: cinco irmãs estão confinadas em casa, em luto fechado, sob a tutela asfixiante da mãe Bernarda, cuja filha caçula se suicida, impedida de se unir ao homem pelo qual, furtivamente, se apaixonou – morte violenta sobre a qual a matriarca exige das filhas o mais rigoroso silêncio. Então, digo:

A. Seu avô impediu a união dos seus pais, a ligação entre você e seu pai, decretou silêncio sobre a morte de sua mãe. Talvez isso tenha despertado raiva, uma raiva que você não conseguiu expressar, gerando muita dor de cabeça.

D. [com a voz embargada, começa a falar] não foi somente em cima da relação do meus pais que ele agiu. Ele supercontrolava todo mundo, eu nunca pude ter namorado, uma turminha de amigos... Ele era assim, mas ao mesmo tempo fez tanto por mim... ele era humano, tinha um lado positivo e outro negativo, o meu vô terrível era o mesmo vô bondoso que me criou... [silêncio]. Lembrei que tive outro sonho. Eu estava num aeroporto. Era dia e havia muita luz. Vou viajar. De repente, a minha mala some e dentro dela está meu passaporte. Sem bagagem e sem documento, vou correndo às várias plataformas de embarque sem saber qual é a minha. Pode ser qualquer uma, para qualquer lugar, mas qual? Acordo assustada, com muito medo.

A. Quer dizer que a bagagem desapareceu, assim como a bruxa e os fantasmas do interior? Parece que, ao se aproximar de quem você é, de onde você veio, as portas se abrem para qualquer direção, os horizontes são muitos e essa abertura, a liberdade de escolha, é assustadora. Ao ter lembrado o que você queria lembrar, agora, sem documentos, qual o caminho a seguir?

D. Os dois últimos sonhos parecem opostos, não é? Campo e cidade, escuro e luz, noite e dia... E eu, no meio disso tudo, perdida, com medo de não chegar a lugar algum.

A. Você sabe onde está, só não sabe para onde esta análise vai. Entre a lamparina morta e a iluminação excessiva, a bruxa morta e o bruxo vivo que não assusta mais, você está podendo ver que o conhecido se transformou e o desconhecido surgiu, podendo ser pensado por você.

D. Mas como vou fazer, como posso pensar o desconhecido?

A. Inventa! Você mesma vai dar um jeito de fazer.

Os meses passam. Dolores defende a sua dissertação de mestrado e, em seguida, entra no programa de doutorado. Em certa sessão, diz:

D. Você sabe que eu reparei uma coisa: eu não tenho tido enxaqueca. Estou me estranhando, a minha testa deixou de franzir, não sei se você notou que até os óculos escuros eu não uso mais.

A. Você está podendo se ver mais claramente.

D. [Silêncio] tive um sonho, ontem. Foi assim: ganhei um maço de verduras e legumes. Separo os vários tipos e decido cozinhar couve-de-bruxelas, que eu adoro. Mas, quando eu vou comer, está sem gosto.

A. Bruxelas?

D. É, você sabe, meu orientador é belga, nasceu em Bruxelas, que eu não conheço, mas ele sempre diz que é uma cidade sem graça.

A. Ah, entendi, a bruxa não assusta mais mesmo, virou um alimento sem graça. Não dá nem dor de cabeça... [nesse instante, Dolores vira-se para trás, olha para mim, e, pela primeira vez, na análise, sorri].

A partir desse período, as queixas motivadas pelas crises de enxaqueca desapareceram. Ao mesmo tempo, Dolores passou a manifestar o seu sentimento de falta de sua mãe, sentimento que a levou a se perguntar: "falta do que, se eu praticamente não tenho nenhuma lembrança dela?". Considerando essa pergunta, digo: "falta de alguma experiência que talvez você tenha tido com ela?". Pensando sobre essa questão e da saudade que diz sentir, Dolores imagina que os poucos anos de relacionamento entre ela e sua jovem mãe devem ter sido bons, ideia que passou a elaborar a partir de sensações que surgiram de conversas com parentes, do contato que veio a ter com roupinhas que usara quando bebê, feitas por sua mãe e guardadas por sua avó, de algumas cartas e fotografias de sua mãe, tiradas por seu pai e conservadas por ele, registros que ele entregou à filha "como lembrança de um tempo bom". Esse processo de recuperação, sem qualquer sinal da enxaqueca, aconteceu lentamente. A construção de uma boa imagem da mãe se realizou à medida que Dolores passou a considerar que a morte dela, repentina e violenta, não tinha uma explicação plausível. Pensando sobre isso, ela disse: "acontece de cada ser humano estar no mundo por uma conjunção de acasos e de escolhas e, às vezes, isso dói. Mas faz parte da vida. Se dependesse da minha vontade, teria sido diferente. De qualquer maneira, hoje sei que eu existo também por vontade dela, pois sei que foi uma luta para ela enfrentar os meus avós, o conservadorismo da vizinhança e dos parentes. Ela gostava do meu pai e hoje eu tenho certeza de que o meu pai gostava dela também. Eram muito jovens, geração 1968... Eu vi uma foto da minha mãe que meu pai tirou, cabelos compridos, jeitinho de *hippie*... Hoje, estou certa de que eu não nasci de um crime. Eu nasci do amor deles. É romântico... Bom, você sabe que sou uma cientista, não gosto de romantismo, mas é isso".

O tempo voa. Dolores dedica-se à pesquisa do seu doutorado e defende sua tese com sucesso. Em seguida, viaja ao exterior como bolsista para trabalhar numa importante universidade, na qual permanece durante um ano. E, nesse período, continuou a fazer uso do analista, enviando e-mails, relatando experiências, dizendo que logo estará de volta e que sente saudades. E conta que conheceu um colega brasileiro, pesquisador como ela, com o qual começou a namorar. Cabe observar que, ao longo da análise, foram poucos os casos amorosos relatados por ela: na fazenda, era impossível, pois o avô controlava os seus passos; na faculdade, as poucas relações aconteceram sem muito compromisso. Mas, após um breve namoro com o seu parceiro de trabalho, que, como ela, também "estuda para salvar vidas", Dolores vem a se casar, numa cerimônia discreta realizada na fazenda de seus avós. E, no que viria a ser o último ano do seu percurso analítico, algumas sessões após eu ter sugerido que, talvez, ela já estivesse no ponto de viver sem fazer análise comigo, reclama que tem tido dores de cabeça. Diante disso, falei: "a perspectiva da nossa separação, talvez, tenha enchido você de raiva e com ela as dores ressurgiram, não sei se as mesmas que motivaram o início do nosso trabalho". Diante dessa consideração, Dolores retrucou: "não tenho raiva, não são as mesmas dores, não é a análise que eu tenho medo de perder, pois ela já faz parte do meu modo de sentir e pensar as coisas. Estou insegura. Não sei se consigo aguentar a dor de ficar sem ver você, sem vir aqui como tenho vindo há tantos anos". Então, eu digo: "essa dor surge não para impedir você de pensar, coisa que você já sabe que sabe fazer, mas para motivar você a ter que inventar uma maneira de seguir em frente com a Dolores que existe em você". E diante dessa perspectiva, percebida por ela como "mais uma experiência nova", "assustadora porque desconhecida", ela diz: "como você sabe, mais do que ninguém, eu fui obrigada a me separar de muitos, desde o princípio da minha vida, no início, de minha mãe, muitos anos depois de minha avó e em seguida do meu avô, perdas para mim muito tristes; depois, meu pai, de quem já estava ficando amiga, e, por último, novamente, de minha mãe, de quem eu quis me despedir direito, refazendo o túmulo. Mas eu nunca me separei de um analista. Não sei como vou ficar...". E, durante mais um ano, considerando de perto como seria a experiência de me perder de vista, Dolores admite que para ela o analista já está "tão assimilado, tão interiorizado na mente e no coração" que, nesse sentido, é "inseparável" dela. Assim, Dolores conclui: "deixar de vir à minha análise não significa uma separação traumática. Dessa vez, ninguém morreu de fato. Agora, a dor é outra, é a do afastamento entre nós que eu sei que sou capaz de suportar e pensar. Afinal, sou muito grata, mas muito agradecida, pela sua companhia, pelos meus quinze anos com você, que foram anos de recriação da minha vida, junto com você". E, nesse último ano, engravidou, deixando a análise no final da gravidez.

Comentário de Maria José de Andrade Sousa

Agradeço honrada o convite da revista *Percurso* por meio de seu editor. Por questão de espaço, privilegiarei o exame de alguns aspectos da técnica analítica, contracenando com a clínica empregada pelo colega neste interessante material clínico.

A técnica do analista ou sobre a arte de perguntar e apenas insinuar

No relato, por meio de perguntas simples, não saturadas, o analista vai conduzindo o processo de análise. Vemos num fragmento como isso se evidencia: Dolores no início da sessão, após declarar que está sem assunto e após um silêncio, começa a chorar. "Falando muito baixo, encolhida no divã, diz – 'é a parede, estou com medo dessa parede... (silêncio)... Não é da parede, é da bruxa... (silêncio)'. Dolores chora baixinho, encolhida, e diz que há outras caras, repetindo a frase 'estou com medo, quero ir embora, quero sair daqui...'. O analista intervém dizendo: 'Calma, eu estou aqui'." Desenha-se uma cena em que quase escutamos uma criança pequena chorando, por meio de uma mulher adulta, utilizando uma linguagem comumente empregada por crianças, porque dificilmente adultos empregam a palavra bruxa para referirem-se às suas fantasias ou suas vivências. O analista poderia proferir uma interpretação, indicando à analisanda uma projeção de seu mundo interno.

Mas ele “entra no clima” alucinatório de Dolores e a consola, dizendo: “Calma, eu estou aqui com você”. Poderíamos conjecturar sua intenção: se, por um lado, a analisanda se sente ameaçada por uma bruxa simbólica que parece real, de outro lado, a presença dele real e simbólica a protegerá desse objeto interno perseguidor. Ou ainda: “Você está vivendo uma alucinação, oriunda de um perseguidor interno, mas, como analista, estou aqui para ajudá-la a discriminar tudo isso”. A fala seguinte de Dolores é como um muxoxo: “Não gosto dessa parede, por que você foi fazer assim?”. Continuamos com a impressão de estarmos escutando uma criança e não uma pessoa adulta. Estamos em face de um estado emocional regredido, confusional ou oniroide, em que fantasias ganham ares de realidade, pois não há distinção nítida entre imagens medradas pelo sonhar e as percepções da vigília; a analisanda reproduz, quem sabe, momentos em que criança, muito pequena, sentiu-se muito só, abandonada a seu mundo fantasmagórico de bruxas e duendes, não acolhida por uma figura protetora. Cito o artigo “Fantasmas no quarto do bebê” (Fraiberg, Adelso & Shapiro, 1974): “Em todo quarto de bebê há fantasmas. São visitantes do passado não lembrado dos pais, hóspedes não convidados para o batizado. Em circunstâncias favoráveis, esses espíritos inamistosos e não desejados são banidos do quarto e retornam às suas moradas subterrâneas. O bebê faz a sua reivindicação peremptória ao amor parental e, em analogia estrita com os contos de fada, os vínculos amorosos protegem o bebê e seus pais contra os intrusos, os fantasmas malévolos”. No caso de Dolores, para ela uma bruxa teria implantado uma maldição, pela qual ela sofreria sempre uma dor de cabeça. Para expiar um crime de difamação dirigido à própria mãe, ao pai, aos avós? A dor de cabeça impedindo o pensar, a liberdade, o enfrentamento e a elaboração de suas fantasias de retaliação pelo abandono vivenciado. O analista agora estaria exercitando sua função alfa (Bion, 1962) ao trabalhar elementos beta que não foram metabolizados desde a sua produção. O analista, ao escutar de Dolores a acusação "Não gosto dessa parede, por que você fez assim?", ao invés de emitir uma interpretação clássica de identificação projetiva, faz uma pergunta que convida a analisanda a se examinar melhor: "Você *acha* (grifo meu) que essa parede foi feita para assustar você?" Na sequência, vemos uma interação de cumplicidade entre analista e Dolores, quando esta compara a parede do analista (tela de suas projeções) à parede do seu quarto de infância, na qual aparecia a bruxa e as "vozes" do avô afirmando que havia espíritos que produziam ruídos de passos no assoalho e sombras assustadoras. Então o ideário fantasmagórico persecutório de Dolores era reforçado pelas crenças desse avô, ele acossado por algum tipo de alucinação também? A parede do analista tornada um écran em que sombras/luzes evocariam o claro/escuro penumbroso dos sonhos, nos quais conflitos, desejos, medos e moções pulsionais de vida e de morte adquiririam configurações animadas ganhando vida ilusoriamente? O analista faz outra pergunta aparentemente simples: "A – Como é a cara bruxa?". Convite para uma distinção entre fantasia, detalhamento e contornos do objeto alucinado, convite ao teste de realidade, ao pensar? E Dolores responde: "Eu não vejo a cara dela, nunca vi... ela sempre aparece de perfil. Mas, uai, parece que ela não está mais ali. Sumiu?". Dolores para de chorar, o ritmo de sua respiração relaxa. Pierre Marty (1952/2012), comentando o material clínico de Marie – acompanhado por ele e discutido com Nacht (1948, citado por Marty, 1952/2012) –, ressalta a coexistência de cefaleia e neurose no quadro psicossomático. No caso Dolores, subjaz uma neurose, não destacada como tal pelo analista, mas denunciada pelo conflito entre raiva e demanda afetiva em relação à mãe, ou afetos amorosos e de ódio em relação ao avô.

Temos ainda a comentar duas histórias implícitas e condensadas no material clínico: os cuidados básicos ministrados a Dolores, refletidos no que ela denominou "boa educação recebida" dos avós, que alicerçaram sua produção intelectual de "aluna exemplar" no mestrado, no doutorado e a subsequente bolsa no exterior, incluindo o tratamento psicanalítico; e, algo importante citado pelo analista, a capacidade de ser grata a esses avós. Se a inveja é reputada por Melanie Klein (1957/1974) como tributária da pulsão de morte, seu oposto – a gratidão – é influenciado pela pulsão de vida, mas também favorecido pelo amadurecimento do ego e da personalidade.

A outra história é a história da relação analítica. Desde o início o analista revela experimentar "compaixão" por Dolores e sensibilidade em face de sua problemática; e certa humildade terapêutica; assim, ele declara: "...E também percebi que ela demandaria de mim a disposição para uma ampla e profunda continência das suas dores. ... perguntei-me – até que ponto seria eu capaz dessa disposição?". Suas intervenções são cuidadosas, não saturadas, permitem que Dolores vá fazendo suas construções e elaborações. Trago um comentário de D. Winnicott (1975) "...só recentemente me tornei capaz de esperar; e esperar, ainda, pela evolução natural da transferência que surge da confiança crescente do paciente na técnica e no cenário psicanalíticos, e evitar romper esse processo natural, pela produção de interpretações. ... Se pudermos esperar, o paciente chegará à compreensão criativamente, e com imensa alegria; hoje posso fruir mais prazer nessa alegria do que costumava com o sentimento de ter sido arguto". Nessa relação analítica fica evidente a aliança de trabalho que se manifesta desde o início pela proposta da própria analisanda de aumentar o número de sessões. No processo, não foram mencionados interrupções, atrasos ou ataques ao *setting* por parte da analisanda. Manifesta-se uma sintonia na dupla, quebrada uma única vez no relato quando Dolores chama o analista de "babaca", o que foi devidamente elaborado pela dupla. Conjecturamos que a avó cumpriu as funções maternas com competência, resultando em identificação de Dolores com o feminino e o desejo e a realização de maternidade. Para mim, não ficou muito claro quanto de raiva geradora de tensão e somatização teria sido canalizada para a enxaqueca. Como dito no relato, poderia ser oriunda do conflito resultante da raiva da mãe pelo "abandono" e também pelo sentimento de falta ou anelo por essa figura com quem teve pouca convivência; o analista a teria ajudado a admitir que o avô seria também fonte de queixa e mágoa. Pois este, homem enérgico e rigoroso, a teria privado do contato com seu pai e também cerceado seus relacionamentos amorosos, concretizados só mais tarde, ao realizar a pós-graduação no exterior. Estariam as sombras do Édipo camufladas e deslocadas para o avô? Pois a ele Dolores se ligava por laços de gratidão por tê-la assumido como filha, mas também de quem teria recebido a proibição de ter namorados e amizades. Na relação com o analista, inferimos matizes eróticos deslocados quando ela compara analista e avô: "Não fiz sozinha, você me ajudou sem me atemorizar, diferente de meu avô que me contava umas histórias que me atemorizavam. Eu é que contei e você me ajudou a lembrar a minha história sem me assustar e eu pude ouvir (silêncio). Eu pude me ouvir porque eu não me sinto mais como era antes, acho... Eu nunca soube ao certo o que aconteceu com minha mãe. Agora eu sei que eu vi, eu estava lá, ela pegou fogo na cozinha... Foi mesmo um acidente, como eles me contaram. Eu não tive culpa (voz muito embargada)". Nessa corrente de afetos de ódio/ressentimento recalcados, o pai de Dolores parece ter sido poupado, talvez para não aumentar sua dor e seus sentimentos de rejeição. Esse pai jamais a reivindicou como filha, talvez por não ter superado o abalo emocional causado pelo processo judicial que lhe foi infligido pelo avô de Dolores. Nunca lhe conferiu oficialmente a paternidade, só o fazendo indiretamente mais tarde por meio de um quinhão destinado a ela via testamento.

Comentários finais

Apesar de, na minha opinião, Dolores não ter um funcionamento psicótico no conjunto, pude vislumbrar o funcionamento da parte psicótica da personalidade (Bion, 1994), especialmente nos episódios de alucinose relatados ou vivenciados na situação de análise. Outras vezes pude vê-la com fortes matizes histéricas. Então, examinando atentamente, observamos a complexidade de seu funcionamento emocional com as respectivas defesas e resistências ao processo, embora não aparentem grande realce. Referi-me ao afinamento do par analítico, que se manifestou desde o início por meio da confiança e do empenho no processo analítico e por parte do analista pelo que ele nomeou inicialmente como "compaixão" ou, poderíamos dizer, empatia e contratransferência sintônica acompanhada de *paciência* (Bion, 1973). Em "Atenção e interpretação" (1973), Bion refere-se à paciência como associada a sofrimento e tolerância à frustração "sem tentativa irritável de alcançar fato e razão até que um modelo evolua". Lemos que o processo analítico durou quinze anos. Talvez consideremos ser um longo tempo, mas devemos levar em conta que o crescimento emocional não é linear, mas feito de avanços e retrocessos, repetições, resistências implícitas ou explícitas. Lembrando A. Green (1986/1990):

> *Não há um só analista que mantenha a ilusão de que se interpretar uma determinada atitude, esta desaparece. Para mim por exemplo a atitude do paciente pode durar digamos... 15 anos. A análise é um trabalho de Penélope – todos os dias você tece a teia e, logo que o paciente o deixa, ele a desfaz. Se não estivermos preparados para ver a análise assim, é melhor mudar de profissão.*

Referências bibliográficas

Bion, W. R. (1962). *Aprendiendo de la experiência* (pp. 21, 25, 26, 67). Editora Paidós.

Bion, W. R. (1973). *Atenção e interpretação* (Cap. 12, pp. 136-137). Editora Imago.

Bion, W. R. (1994). Diferenciação entre a personalidade psicótica e a personalidade não-psicótica. In W. R. Bion, *Estudos psicanalíticos revisados.* Editora Imago.

Fraiberg, S., Adelson, E., & Shapiro, V. (1974). Fantasmas no quarto do bebê: abordagem psicanalítica de déficit nas relações mãe-bebê. Versão ampliada do artigo apresentado como Conferência em memória de Beata Rank, na Sociedade e Instituto de Psicanálise de Boston, 23 maio 1974.

Green, A. (1990). *Conferências brasileiras de André Green* (p. 134). Imago. (Trabalho original publicado em 1986).

Klein, M. (1974). *Inveja e gratidão* (Cap. III, pp. 45-49). Editora Imago. (Trabalho original publicado em 1957).

Marty, P. (2012). As dificuldades narcísicas do observador diante do problema psicossomático. In *Livro anual de psicanálise XXVI* (pp. 79-93). Editora Escuta. (Trabalho original publicado em 1952).

Winnicott. D. W. (1975). O uso de um objeto e relacionamento através de identificações. In D. W. Winnicott. *O brincar & a realidade* (pp. 121-122). Editora Imago.

Comentário de Renato Trachtenberg

Penso que uma análise deve apresentar o analisando a ele mesmo, com toda sua diversidade de pensamentos, emoções, estados mentais, sem uma perspectiva moral de melhor/pior, superior/inferior. No meu entender, a psicanálise não visa a resolver conflitos ou "eliminar" sofrimentos. Conflito é vida, é complexidade. Podemos ajudar um analisando a aumentar sua capacidade de tolerar sofrimento, pois sofrer, como a dor, é inerente ao viver.

O nome Dolores me leva a pensar, então, que é alguém que procura uma análise para *sofrimentos* psíquicos que são *sentidos* como dores físicas. *Sofrer* uma dor não é o mesmo que *sentir* uma dor. As dores que não podem ser *sofridas* muitas vezes se transformam em dores *sentidas*. A enxaqueca é uma dor *sentida*. Uma característica dela é uma grande intolerância à luminosidade, um olhar que se faz impossível pela sensação de intensidade da luz. Lembro da luz do sol que nos impede de enxergar as estrelas durante o dia. Ocorre-me, nesse momento, que ver estrelas é uma das queixas habituais de quem sofre de enxaquecas e também é uma forma de referir-se a uma dor intensa. O "desaparecimento" dos pais de Dolores me faz pensar na terrível experiência de filhos de pais desaparecidos nas ditaduras latino-americanas. Na ditadura argentina, por exemplo, era comum que os filhos pequenos dos pais assassinados/desaparecidos terminassem sendo adotados pelos próprios militares que determinaram a morte desses mesmos pais. Com o retorno do regime democrático, as avós dessas crianças, já adolescentes ou adultas, buscaram – e ainda buscam – na justiça a anulação dessas "adoções". Jovens que tratavam como pais os assassinos de seus próprios pais de repente se encontraram com a terrível verdade. Numa dimensão muito menos perversa, os avós de Dolores "adotaram" a filha de um pai que eles haviam feito "desaparecer" e de uma mãe que, para Dolores, se manteve na condição de "desaparecida" durante muito tempo. A mistura de sentimentos de raiva e gratidão, num caso como esse, não só é comum, mas, também, produtor de importantes denegações (*Verleugnung*). Essas denegações incluem tanto a vítima como os que guardam os segredos de sua história. Os segredos são transmitidos, muitas vezes, por via transgeracional, ou seja, não são conhecidos, mas produzem graves efeitos psíquicos.

Nesse sentido, essa convivência de sentimentos opostos mostra, mais que uma ambivalência, a presença simultânea de um é e não é, uma denegação. A gratidão se transforma em dívida impagável, em tirania, e a raiva pode ser uma consequência disso, uma rebelião a isso. Uma parte importante dos sentimentos de raiva, e de falta da mãe, de Dolores eram produzidos pelos avós que cuidaram dela, mas que não teriam lhe informado do que realmente havia ocorrido com a filha. Esse tipo de segredo, esse algo que não pode ser investigado e conhecido, termina aparecendo como terror, um *terror sem nome*. É claro que Dolores sabia e não sabia o que havia ocorrido com a mãe, pois as imagens da bruxa eram frequentes e muito assustadoras. Ela havia visto algo, mas, ao mesmo tempo, com a "ajuda" dos avós, havia desmentido sua percepção. A bruxa era uma verdade que tratava de impor-se num mundo de evasões e negações. A bruxa era a verdade que tentava fugir da armadilha dos silêncios e segredos. Nesse sentido, a dor mental produzida pelo registro de uma verdade que não podia mostrar-se, uma verdade muito dolorosa que havia sido vista, mas não suportada, era impossível de ser contida num continente mental e se transformou num sintoma somático em que a luz parece tão intensa que produz intensas dores e, assim, o escuro é o último refúgio. A luz intensa também é a luz das chamas bruxuleantes nas quais sua mãe estava envolta. Por tudo isso, o escuro, o silêncio (um refúgio dos gritos de dores terríveis da mãe em chamas?) eram, para Dolores, o descanso de dores também bruxuleantes, que iam e vinham numa periodicidade implacável.

Antes de entrar no material da sessão, o narrador comenta sinteticamente as grandes conquistas de Dolores por meio de sua análise. Isso produz um grande alívio no leitor psicanalítico, que sempre fica feliz com uma análise que se desenvolve a contento, apesar das dificuldades que certamente foram enfrentadas nesse processo. São momentos em que renovamos nossa confiança no método, muitas vezes abalada pelas vicissitudes que são peculiares à nossa tarefa. Por outro lado, o comentário do narrador nos coloca numa posição *sui generis*, que é a de conhecer o futuro dessa análise antes da exposição de uma sessão em que muitas conjeturas possíveis poderiam surgir. Desse modo, as associações ficam limitadas pelo conhecimento de como foi o futuro do trabalho realizado pelo par analítico. Isso me faz recordar a colocação de Bion sobre o trabalho sem memória, sem desejo e sem necessidade de compreensão. Como costumo trabalhar sobre o presente da sessão, certamente meu comentário não será o mesmo do que seria sem essa informação.

São muito importantes as intuições e as associações do analista para captar situações ainda não faladas, em busca de representações, que habitam o mundo fantasmático de Dolores. Por exemplo, no final de uma sessão o analista comenta: "*nas histórias que você contou, as meninas perseguidas pelas bruxas, quase todas, são órfãs...*". Fica implícita a conjetura de que as bruxas são a representação possível da mãe morta. Quando digo representação possível, quero dizer que existe uma transformação da dor da enxaqueca, expressão do irrepresentável ou de um esboço muito primitivo de representação. Deve-se destacar que a mudança de consultório do analista é vivenciada como um abandono, como uma renovada orfandade, pois o analista é também seu *setting*, em que sua função continente é muitas vezes depositada. A orfandade, assim, não é somente um fato, mas também uma condição mental muitas vezes renovada, repetida, trans-ferida, em busca de uma elaboração possível.

Vou me referir com mais detalhes à sessão em que aparecem os sonhos. Dolores comenta que se sente vazia, esquisita, sentindo que teria coisas a dizer, mas que muito dificilmente poderia dizer com as palavras... E, pela primeira vez, diz o analista, declara ter tido sonhos, mas não consegue discorrer sobre eles. "São imagens, apenas imagens", diz ela [silêncio]. "Num dos sonhos, continua, é como se eu estivesse dentro de uma caverna, mas é uma caverna-cenário, uma falsa caverna com paredes de papelão, iluminada por dentro, mas vazia, sem coisa alguma para eu ver. E eu não me lembro de mais nada, nem do que aconteceu antes, nem do que vem depois. Esses pedaços são de uma escuridão total". A caverna falsa, ou vazia, parece representar um esboço de um continente ainda não significado como tal. Um lugar ainda não acolhedor de suas dores e medos, frágil. Um lugar sem passado ou futuro, uma temporalidade congelada.

Nas associações seguintes, aparece a revista com a reportagem de uma exposição de Tiziano em Veneza. O fato de a revista estar na *sala de espera* do consultório analítico não é irrelevante. O analista associa Veneza à Vanessa, mãe da paciente. A reportagem diz que Tiziano pintava várias vezes um mesmo quadro. "Numa das telas, ele deixou aparecer um pedacinho da pintura antiga, no canto do quadro. É de uma cor vermelho escuro, um vinho. Então, essa cor me fez lembrar um outro sonho do qual só me lembro da cor. Não é exatamente a cor do Tiziano, não é tão escura, mas é na linha dos vermelhos."

Aqui surgem dois elementos: o primeiro se refere ao que se denomina *pentimento*, quando aparecem vestígios de pinturas anteriores numa tela em que, pelo efeito do tempo, vão se descolorindo as camadas de tinta posteriores. O termo é originário do italiano, língua na qual tem o significado de arrependimento. Ou seja, algo que foi feito e coberto num tempo anterior começa a ressurgir do *vazio infinito e sem forma* (J. Milton). O *encobrimento* não impede a visão do já ocorrido. O segundo elemento se refere à cor vermelha e ao sonho no qual aparece somente essa cor. Diz Dolores: "É como se houvesse uma coisa que não se mostra totalmente no sonho, que eu só vejo e não consigo falar. É imagem, uma coisa anterior à fala... É uma coisa diferente da palavra. Mas, pensando agora, acho que pode ser anterior à fala, sim. É como se eu visse o vermelho sem saber exatamente o que estou vendo..." [silêncio]. Surge uma cor e não somente o claro ou escuro. Dolores associa o vermelho com um fato real ocorrido na Inglaterra, e narrado por sua professora de inglês, em que, após uma explosão na cozinha de um restaurante, o cozinheiro em chamas entra em sua sala. Diz que não quis seguir escutando o que a professora narrava e que lhe acometeu uma terrível dor de cabeça. Nesse momento da sessão, lembra que: "Eu estava na casa do meu avô, na sala, no colo da minha avó, e, de repente, saiu da cozinha uma coisa em chamas, ela se mexia, acho que os braços, os cabelos desgrenhados, parecia uma bruxa...Todo mundo começou a gritar... Acho que era minha mãe".

Surpreendentemente, parece que estamos diante daqueles clássicos casos clínicos iniciais de Freud, nos quais as lembranças retidas ("as histéricas sofrem de reminiscências") eram finalmente recordadas, com o alívio imediato dos sintomas físicos. A dramaticidade dessas ocorrências parece repetir-se no diálogo que se segue:

A. [após algum tempo] você lembrou o que não era possível dizer.

D. [chora] eu sempre quis lembrar, meu Deus, ela pegou fogo... tadinha, que dor ela deve ter sentido... Ai, está doendo a minha cabeça [põe as mãos sobre a testa], meu Deus, tá doendo... É uma dor diferente, não é ardida como a enxaqueca... [chora]. Não estão ardendo os olhos, é mais aqui na testa...

A. Você disse que não é uma dor ardida?

D. Sim, quando tenho enxaqueca fica ardendo os olhos, as têmporas...

A. É como fogo, fica queimando...

D. Eu vi o fogo [chora muito]. Mas, agora, não está assim, é mais como se fosse um peso. Eu estou sentindo como eu sentia quando meu avô me dava um passe.

A. Você se deu um passe, você fez uma passagem.

D. ... Eu nunca soube ao certo o que aconteceu com a minha mãe. Agora eu sei que eu vi, eu estava lá, ela pegou fogo na cozinha... Naquela época, o fogão era à lenha, um fogão enorme, perigoso pra acender... Foi mesmo um acidente, como eles me contaram. Eu não tive culpa [voz muito embargada].

A. Não foi uma bruxa que você viu.

D. Não, não foi... foi a minha mãe... ela morreu.

O que ocorreu? Estamos diante de um efeito traumático de uma lembrança retida ou algo irrepresentável pode ser representado nesse momento? Os sonhos foram a primeira tentativa de encontrar ou construir essas representações? A palavra só pôde encontrar significado quando se ligou às imagens? Estamos aquém ou além do princípio do prazer? Recalque? Denegação? Essa é a lembrança de um fato ocorrido ou algo que pôde ser construído na análise, sem compromisso com a realidade factual, mas que possui um sentido de uma verdade eminentemente psíquica? Essas diferenças importam? Deixo as perguntas com a esperança de que gerem novas perguntas.

O sonho contado numa sessão posterior parece mostrar a possibilidade de constituição de uma tridimensionalidade psíquica, um continente capaz de hospedar suas lembranças, seus medos e suas angústias: "*Eu estava no mato, lá no interior, andando por um atalho. Estava escurecendo, quando chego à casa de um senhor que na minha infância tinha fama de curandeiro, uma espécie de bruxo. Eu tinha medo dele. Mas, no sonho, não. Apareceu a casa dele, a sala com uma lamparina morta que fazia sombras bruxuleantes nas paredes. Não senti medo. Eu percebi que estava com a minha bolsa com todos os meus documentos dentro dela*". A maior possibilidade de simbolização é evidente. A bruxa aparece como sombras bruxuleantes, são sombras e não assombrações. Luzes e sombras são simultâneas e não di-ver-gentes. Sua bolsa continha seus documentos, continha sua identidade. Um espaço mental que envolve seus objetos, suas identificações, suas perdas e suas conquistas. Seu sofrimento agora pode ser sofrido, pois existe em si um lugar que o tolera e o alberga.

O analista, a partir do sonho anterior e de suas próprias associações, conecta a figura do bruxo, do qual Dolores sentia medo em sua infância, com a figura do avô tirânico, dizendo: "*Seu avô impediu a união dos seus pais, a ligação entre você e seu pai, decretou silêncio sobre a morte de sua mãe. Talvez isso tenha despertado raiva, uma raiva que você não conseguiu expressar, gerando muita dor de cabeça*". A questão do impedimento da união dos pais e da ligação entre a paciente e seu pai mereceria um comentário à parte. O mesmo digo da impossibilidade de carregar o (sobre) nome do pai, mas não de ser sua herdeira.

Dolores, a seguir, conta um sonho de angústia em que está num aeroporto para viajar e desaparece sua mala que continha seu passaporte. Era dia e havia muita luz. Sem bagagem e sem documento, percorre correndo várias plataformas de embarque, sem saber qual é a sua: "*Pode ser qualquer uma, para qualquer lugar, mas qual?*". Dolores acorda assustada, com muito medo.

Esse sonho, nesse momento da sessão, parece expressar um alívio de um peso carregado por muito tempo, mas que a remete, ao mesmo tempo, à possibilidade de terminar sua análise. Essa é uma situação de angústia comum a muitos analisandos, quando percebem que a análise poderá ter um fim. O tempo necessário para elaborar/pensar essa angústia, como é exposto posteriormente pelo analista/narrador dessa bela história, parece ter sido bem aproveitado. O que ocorrerá depois parece ser vislumbrado e intuído a partir dessa sessão. O futuro se faz presente.

Não considero os dois sonhos como uma oposição, como Dolores parece pensar. A mesma mudança psíquica que permitiu o sonho da bolsa produz a angústia desse outro sonho. Existe uma continuidade entre eles. As possibilidades se ampliam, como parece pensar também o analista. As diferentes plataformas são os diversos caminhos que se abrem na medida em que ela não se sente mais tanto uma depositária de desejos alheios, e sim alguém que poderá assumir seu próprio desejo. Essa condição traz um acréscimo importante de sua responsabilidade psíquica, pois, agora, ela será mais responsável pelo seu destino e não mais uma vítima das escolhas ou decisões de outros. Essa não é uma condição tranquila e carente de sofrimentos. Inclui a presença de uma ética complexa (Morin) em que as escolhas serão realizadas a partir de um pensar que incluirá incertezas e dúvidas. Como disse Luis Fernando Verissimo: "*Penso, logo hesito*".

Debates clínicos 15: caso Vera[1]

Luciana Saddi (Apresentadora)
Lia Pitliuk e Dora Tognolli (Comentadoras)

Apresentação de Luciana Saddi

Prólogo

O objetivo presente é evidenciar na história clínica relatada a seguir parte dos 20 anos de experiência com pacientes que sofrem com problemas alimentares, assim como expor certas considerações técnicas e teóricas presentes em dissertação de mestrado apresentada em 2007, além de inúmeros artigos publicados sobre o tema. Muito já foi dito sobre a dificuldade de narrar a clínica. Sempre é importante reiterar. Preservar intimidade e sigilo, imperativos do trabalho analítico, e, ao mesmo tempo, manter fidelidade aos acontecimentos exigem esforço e investimento na linguagem.

---

1 Breve apresentação de algumas histórias colhidas e recolhidas ao longo de cinco anos de trabalho analítico. Publicado na revista *Percurso* n. 66, julho de 2021.

Vera – *en passant* e o *setting*

Vera me procurou por recomendação do psiquiatra, que sabia, ainda que superficialmente, da minha atuação clínica no campo dos problemas alimentares.

Relatou, inicialmente, que pensava há algum tempo em fazer terapia. Tentou duas vezes, mas não seguiu adiante. Na primeira tentativa, a psicóloga havia interrompido o andamento das sessões logo no início, por problemas de saúde. Na segunda vez, nova interrupção, não se lembrava do motivo. E depois não teve tempo ou nunca era o momento certo, pois tinha que resolver muitos problemas familiares antes de poder cuidar de si. Mas, naquele instante, percebia ser necessário esforço maior, não podia continuar adiando. Havia ultrapassado a marca de 100 kg e problemas de saúde estavam "pipocando". Não era possível saber quais eram exatamente as coisas que "pipocavam" além dos problemas de saúde. Mas era possível perceber que a "ebulição" se aproximava.

O psiquiatra a medicara com antidepressivos. Também fazia uso regular de remédios para controlar a pressão arterial – coisa da família da mãe – e diabetes – coisa da família do pai. Falou desses problemas de forma leve, *en passant*, nada demais, quase como se fosse indiferente. Planejava passar uma semana num *spa*, quem sabe o prenúncio de mudança se anunciava.

Vera parecia angustiada e preocupada. Entretanto, demonstrava alívio por ter com quem conversar, por estar ali comigo naquele momento e por ter o *spa*/esperança no horizonte próximo. Parecia controlar ou reter o peso das angústias e a intensidade do temor. Pensei no medo, e podia percebê-lo, muito mais do que ela, que procurava disfarçar, escondê-lo de nós duas. Talvez se tratasse de sentimentos ocultos condensados: medo de perder o controle não só do comer, mas também da imagem e do tamanho corporal, medo de vínculos, do peso dos vínculos, medo do abandono e da morte.

Nesse primeiro encontro, falei brevemente desses medos. Optei pela leveza, os mencionei de forma sutil. Algo me dizia para não a assustar com palavras fortes e intensas emoções. Mimetizei – coloquei apenas um pouco mais de intensidade à maneira furtiva, quase descompromissada, como Vera falava de si. Ela se assegurou e me assegurou que confiava no psiquiatra que havia feito a indicação e sentia que as coisas podiam ser diferentes. Sobre os medos tangenciados por mim, nada disse, mas acredito que minha intervenção tenha sido registrada.

Fiquei em dúvida entre propor à Vera algumas orientações ou aguardar momento mais oportuno. Nos despedimos. Ela pareceu feliz e aliviada.

Em alguns casos, uso técnicas ativas que indicam ao paciente a procura de comer guiado pelos sinais de fome, parar de comer assim que a saciedade chegar e a escolha livre dos alimentos para cada momento de fome. Também proponho ao paciente que se torne investigador da própria alimentação e sugiro que faça um diário dos sentimentos e pensamentos associados ao comer e à comida. Nem sempre introduzo as orientações no início do tratamento. Sou bastante flexível com esse conjunto de ferramentas, mas considero importante, depois de mais de vinte anos de vivência nesse campo, propor alguma ruptura com a mentalidade de dieta visando, mesmo que no horizonte distante, à autonomia alimentar. Não estão em questão emagrecimento ou recuperação de peso. Não são objetivos analíticos. Clinicamente, o momento para trabalhar com as técnicas ativas depende da demanda e do sofrimento do paciente e da minha escuta. Não pretendo eliminar o sintoma, seria leviano pensar que sintomas que organizam o psiquismo durante toda uma vida possam ser removidos cirurgicamente. O sintoma concentra e atrai grande carga de energia psíquica. A compulsão alimentar é expressão de vivências dolorosas. O comedor compulsivo não consegue compreender o que está encerrado no sintoma. A compulsão alimentar também é um problema em si e pode ser abordada mais diretamente. Saber que é possível comer com autonomia traz esperança e alívio. Há outras formas de relação com a comida que não são guiadas por restrição, dieta, privação e fobias. Nos anos 1970, psicanalistas já sabiam que privação alimentar levava à compulsão. Aprendi que comer é trabalhoso, em seu aspecto psíquico, ocorre de dentro para fora e não de fora para dentro. Requer a percepção dos sinais do corpo, aprender a ler os próprios afetos e criar conexões. Na minha experiência, à medida que a compulsão afrouxa, aumenta a circulação de representações; entram em cena outros dramas encobertos pelo sofrimento com comida e corpo, a problemática psíquica ganha maior consistência, densidade, e a linguagem se amplia. A intimidade analítica cresce.

No segundo encontro, Vera me disse que sempre fora gorda, desde pequena, diferentemente da mãe e dos irmãos, que eram altos e magros. Tentou diversas dietas. Todas deram certo no início e depois de algum tempo deixaram de funcionar. Havia alguns bons anos que abandonara as dietas. Experimentara o horror de se privar e sofrer em vão. Procurava pensar que tinha de se aceitar. Não era o fim do mundo ser gorda. Tive a impressão de que ela se esforçava para acreditar no que dizia, mas eu mesma não tive convicção de que ela de fato não se importava com seu tamanho. Vera realmente se empenhava para que tudo parecesse bem. Para se mostrar inatingível. Ela não convencia.

O plano *spa*/esperança estava em andamento. Em breve ficaria duas semanas fora. Era melhor optar por tratamento de choque por mais tempo. Então, aumentou o tempo de *spa*. Dessa vez, pode ter sido na segunda ou na quinta sessão, não tenho certeza, disse-lhe que as dietas tinham história semelhante para quase todas as pessoas. Começavam bem, mas depois de muitos meses era cada vez mais difícil comer sempre as mesmas coisas. Do enfado com as restrições e as privações à compulsão alimentar, a distância é pequena. Comentei sobre a importância da percepção dos sinais de fome e saciedade. Que pensasse qual alimento era mais interessante, mais capaz de atender cada momento de fome. Afirmou que entendia, mas que pretendia tentar fazer dieta mais uma vez, antes de pensar em outra abordagem. Consenti e pensei: nada como a experiência. Sugeri que acompanhássemos de perto os próximos capítulos da relação dela com o comer, com o corpo e com o *spa* – tão esperado – se ela estivesse interessada em falar disso! Ou poderia falar do que bem entendesse, sem um roteiro previamente combinado.

Vera adorou a liberdade de falar do que quisesse e adorou o esquema em que ela mesma se colocou, que significava falar de tudo que acontecia no *spa*. Ela parecia muito animada nas sessões e parecia atuar num roteiro programado de conversa, como se estivesse obedecendo a mim e à proposta analítica, como uma garota bem-comportada. Era o jeito que encontrara para estar nas sessões e se abrir comigo. Tivemos sessões remotas durante esse período. Ela relatava cada detalhe do que se passava com ela, com o corpo, com os pensamentos, com a comida, com os exercícios físicos. Nos tornamos confidentes, amigas de infância, unha e carne. Esperei o momento para lhe dizer que percebia nossa relação, muito próxima, um tanto simbiótica até, como se não houvesse distinção clara entre ela e eu. Vera concordou, havia sido assim com seu namorado e fora assim, muitas vezes, com seu pai. Era bom experimentar isso de novo! Perguntei-me em silêncio se com a comida não era assim também.

A questão da submissão não foi descartada por mim. Aguardei ressurgir a garota bem-comportada e boazinha. No período inicial da análise, aceitou passivamente minha proposta de frequência e pagamento. Mas, passados três ou quatro meses, percebi que não funcionava. Ela não conseguia pagar nem comparecer às sessões com a frequência combinada. Os atrasos de pagamentos eram constantes. Tinha vontade genuína de dar conta e acreditava que conseguiria superar essas demandas. Na prática a teoria era outra. Foi necessário dizer para Vera que, de um lado, havia entre nós um encontro "das estrelas" lindo, maravilhoso, acolhedor segundo ela e, de outro, um desencontro terreno, desencontro da realidade. Lado a lado, como trilhos de trem que nunca se encontram. Vera me pareceu desencontrada depois dessa intervenção. Percebi que constatar a realidade, a falha, era muito doloroso para ela. Era melhor negar e fazer de conta que tudo ia bem. Pensei na reação à castração, à frustração, à impotência e à falta. Talvez não seja desnecessário dizer que com as dietas havia esse mesmo movimento de submissão e revolta. Submissão e alienação. Submissão e cisão.

Vera nunca se deitou no divã. Quando eu propunha alguma coisa relativa ao *setting* (frequência, honorários, férias), ela era incapaz de me dizer não. Primeiro me olhava fixamente, para logo depois virar os olhos para cima, como se estivesse pensando, e em seguida me olhar novamente e, imediatamente, consentir com os olhos ou simplesmente dizer, tudo bem, eu dou um jeito. Mas não dava. Os pagamentos eram erráticos, as faltas frequentes, discordantes com a avaliação que fazia da análise da qual tanto gostava. Esgotei meu repertório interpretativo para essa situação. Renegociei algumas vezes, sempre sabendo quão doloroso era para ela aquela conversa percebida como mais um fracasso. Não perdi a paciência nem interrompi o trabalho. Pontuei. Aguardei novos entendimentos. Refiz o contrato. Os pagamentos continuaram aleatórios e as faltas também. Era Vera, queria fazer mais do que podia, parecer que tinha mais do que tinha, se iludir me iludindo. Do meu lado, sentia que faltava como analista, incapaz de compreender o que se passava, o que me deixava bastante frustrada e apreensiva com o trabalho. Algumas vezes externei tais pensamentos, expondo meus sentimentos de insuficiência. Somente depois de mais de três anos de análise os atrasos e faltas diminuíram. Os atrasos no pagamento continuaram, apesar das negociações que, simplesmente, visavam a pontuar que havia um, dois, três ou mais pagamentos em aberto. Eu sabia disso e ela não podia deixar de saber. Eu não podia deixar passar, *en passant*, mesmo sem saber o que fazer. Será que eu teria de sentir a falta que ela não conseguia suportar? Falhas eram duramente sentidas e, talvez por isso, negadas. Não havia espaço para erros. Seu pai sempre dizia: "tem que saber, quem não sabe é burro", "não tem essa de aprender", "não adianta chorar, engole esse choro, menina". À medida, lentamente, que Vera pôde falar de suas dificuldades financeiras, que relacionei não apenas às dívidas adquiridas no passado, mas também à impossibilidade de aprender, pois tinha de saber tudo, o quadro se tornou mais claro. Ela concordava com minhas propostas de honorários e frequência, porque não havia espaço para discordar, para aprender, para tentar, para perceber que não podia tudo, para me propor uma negociação dentro dos seus limites. As faltas e atrasos na sessão, além de atrasos de pagamento, foram, aos poucos, substituídos por conversas sobre faltas e atrasos na vida. Vera podia confiar em mim, falar de falhas e insuficiências.

Curioso pensar que a demanda de análise se deu pelos excessos. No entanto, a análise transcorreu por ausência, míngua e escassez.

Ferimento mortal e outras histórias

Aos 35 anos, Vera tinha um bom emprego. Batalhara muito, estudara bastante: intercâmbios, estágios, processos seletivos, especializações, concursos. Sempre aplicada, organizada, ordeira. Certinha. Há poucos anos perdera a mãe. No passado, fora abandonada à própria sorte pelo pai. Era bem jovem, mal terminara a escola, fora estudar num país europeu para se aprimorar em línguas estrangeiras. O pai, separado da mãe há muitos anos, prometeu pagar os estudos, mas depois de alguns meses não honrou a promessa. Teve problemas com os negócios. Vera terminou os estudos por meio de uma bolsa que obteve em função de desempenho e notas excelentes, mas teve de trabalhar para pagar as despesas pessoais e morar de favor na casa de colegas até juntar dinheiro para voltar. Foi caixa de supermercado, babá, faxineira e vendedora. A mãe, de origem muito humilde, não tinha condição financeira para financiar a filha ou trazê-la de volta. Os irmãos mais velhos estavam no início da vida profissional, sem poder ajudar e sem muita vontade também, "quem mandou estudar fora?". Todos se voltaram contra o pai de Vera, que desapareceu para fugir das dívidas. Era a queridinha do papai. Percebi que fora mortalmente ferida pelo seu abandono. Contou que nesse período engordou muito. Saía do trabalho, comprava uma pizza e comia tudo de uma só vez. Era uma cena que se repetia todas as noites, sozinha no quarto ou na casa emprestada de algum amigo. A comida aplacava tudo. Por anos, mesmo de volta, guardava uma comida bem gostosa para comer sozinha trancada em seu quarto. Se tinha um dia ruim, dobrava a dose de comida. Para compensar a dor, reequilibrar a economia psíquica, ressarcir as perdas. Atividade que apelidamos de "masturbação alimentar".

Disse que, quando chegou na Europa, estava ou se sentia magra e, mesmo assim, se surpreendia com o interesse sexual e/ou amoroso de meninos e meninas da escola. Acreditava que estavam tirando sarro da cara dela e que logo revelariam que o interesse sexual, a atração, não passava de brincadeira. Pensava nas palavras de sua mãe, que sempre dizia que ela nunca encontraria namorado se fosse gorda. Não sei se Vera percebia que procurava me contar tantos fatos dolorosos, agressões disfarçadas de cuidados, como se estivessem superados.

Compreendi que era indiferente estar gorda ou se sentir gorda. Mesmo magra era gorda. Mesmo gorda não era tão gorda. Havia enorme incapacidade de distinguir tudo que se relacionasse ao corpo, ao peso, à imagem corporal e à comida. E, naturalmente, a seus afetos. Vera fazia dieta e notava o emagrecimento com satisfação. Submersos, "pipocavam" sentimentos como abandono, medo, humilhação. Vontade de se esconder e sumir. Dor, desamparo e solidão. Temas recorrentes desse período eram mais sugeridos do que sentidos. Os relatos tendiam à superficialidade.

Ferimento mortal – o retorno

Ao retornar da Europa, conheceu o grande amor de sua vida. Não estava magra nem gorda, para os próprios padrões. Cada episódio ou etapa de sua vida era marcada pela gordura, pelo aspecto corporal, como se fosse tatuagem. Aprendi que era a maneira como ela conseguia falar dela. Os sentimentos, o estado de espírito, passavam sempre pelo filtro gordo/magro. Filtro que condensava tudo.

Foi para a faculdade, que ela mesma pagou com o esforço do próprio trabalho, como fez questão de pontuar. Estudava de noite, de dia trabalhava num emprego nada empolgante. Ele gostou dela. Ele era muito cobiçado pelas outras meninas da classe. Até hoje não entende como isso aconteceu. O que ele viu nela. Eram unha e carne. Ele era lindo, era tudo. Um rapaz de futuro, segundo a família. Foram cinco ou seis anos. Casamento marcado. Ele encontrou outra e a trocou. Ela perdeu o chão. Continuou a usar a aliança de noivado. Por um tempo escondeu a ruptura dos colegas de trabalho, dos familiares e dos amigos. Depois contou, como se tudo estivesse superado. Problemas acontecem. Foram oito anos comendo sem parar para se preencher, se apaziguar. As tentativas frustradas de terapia se deram no momento inicial desse abandono, quando havia somente desespero e escuridão. Inversamente, nas redes sociais postava fotos montadas como se estivesse "por cima da carne seca". Fotos de lugares que ela não fora, de pratos que não comera, na esperança de que ele sentisse sua falta, para que ele visse que ela estava melhor sem ele.

V. Nunca pensei que ele fosse embora.

A. Coisas impensáveis acontecem!

V. Será que ele me avisou e eu não entendi? Fico pensando... Será que eu não consegui enxergar ou foi ele que não soube me avisar? Eu deixava muita coisa em cima dele... Eu preferia estudar, sempre acreditei que tinha que estudar, acho que foi a única coisa genuinamente minha até hoje. Ele gostava de esportes e eu não. Acho que ele sentia...

A. Sentia...

V. Minha falta. Eu era tão dependente, ele não! As coisas não se encaixam.

A. Era melhor ter tudo explicado, né? Como quem vai para a prova com a lição feita. Acho que a comida se encaixa aí! Acalma os pensamentos. Tem tanta coisa pipocando...

Foram-se desenhando abandono e medo. Vera falava de comida, muita comida, doces, muitos doces, dívidas, humilhação e desejo de sumir. Dor, depressão, desamparo e solidão.

Era Vera numa versão menos *en passant*, menos superficial, menos *eu dou um jeito*.

Os tempos de análise e de intimidade clínica, em que eu procurava não julgar e, genuinamente, tentava compreendê-la ou simplesmente testemunhar, fizeram surgir novas versões de sua história. Versões mais dramáticas.

Um jeito ou as mentiras que contamos

Vera não era filha do mesmo pai que os irmãos. Demorou para ela perceber que havia algo estranho entre eles. Mas lembro de ela dizer que eles nasceram magros e ela, gorda. A mãe não quis que ninguém soubesse que, depois de ter dois filhos com João, João sumiu, encontrou outra. Então, ela *deu um jeito*. Arrumou José, que assumiu os meninos, e com ele teve Vera. A família da mãe era muito tradicional e muito distante, geográfica e emocionalmente falando. O contato era pouco. Para ser aceita, mesmo que tão distante fisicamente, a mãe mentia. Ninguém precisava saber detalhes da vida deles, não é mesmo? Mentiras eram contadas com naturalidade. *Dá-se um jeito*. Compreendi que as dificuldades com pagamento e frequência, em assumir as limitações financeiras e de tempo, também eram da categoria: *dou um jeito*. Aos poucos, envergonhada, ela também compreendeu. Camadas de sentidos sobrepostas como faltas, insuficiências, ausências, severidade, mentira, negações, jeitos davam significado à dificuldade em estabelecer o *setting* e, ao mesmo tempo, eram apresentações de Vera, versões dela. Campos que surgiam no decorrer da análise.

V. Eu estava na sala da casa da minha mãe, com os meninos – que já são homens, né? E de repente eu vi algo que sempre esteve lá... tudo é tão velho! Nada combina com nada. E tem umidade no teto. Me dá dó! Cada coisa velha que alguém não quis foi parar lá.

A. Sugere pobreza, dificuldade, dor!

V. Aí ela, a mãe. Fala: pra tudo *se dá um jeito*.

A. Acho que você acreditava nisso... era só fechar os olhos e esperar!

V. Faz de conta que a gente pode..., mas não pode, né? Tinha que viver de favor!

Droga de vida e outras "paradas"

V. Eu acho que nunca falei isso para você... É muito difícil, mas hoje eu sei que posso. Lá no fundo, eu sabia que era muito difícil meu pai me sustentar na Europa. Hoje, depois de tudo que a gente conversou, eu sabia..., mas eu queria tanto, tanto! Seria a primeira da família, de todas as famílias...

A. Nem sempre a vontade, o desejo da gente, está de acordo com a realidade, com o que é possível, mas, mesmo assim, você conseguiu...

V. O que eu quero te falar não é isso, não exatamente isso, entende?

A. Entendo que tem algo muito delicado e você está com medo de me contar, pois teme haver uma ruptura, uma quebra entre nós!

V.: Não é entre nós – ou é, não sei! Lá na Europa eu levava umas *paradas* para os amigos, entende?

A. *Paradas*?

V. É assim que a moçada chama! Umas *paradas*, drogas, entende? Bala, MD, maconha, haxixe.

A. *Paradas*...

V. Eu tinha facilidade e nem endereço fixo tinha. Comecei comprando para agradar – morar de favor tem esse peso. Era um jeito de agradar os colegas, não queria ser um peso. Eu corria o risco! Era um jeito de agradecer.

A. E precisava agradecer? Te cobravam isso? Imagino que para você fosse muito pesado receber os favores.

V. Odeio favor! Você sabe, expansiva, gorda, engraçada, né? Tive o maior lance com os caras da pesada... É feio dizer isso, mas eu percebi que, se estava correndo risco, talvez eu pudesse ganhar alguma coisa em cima. Subi o preço! Não é que eu fosse traficante, traficante mesmo. Mas consegui voltar para casa, me sustentar. O mais louco é que eu corri uns riscos, fiz umas coisas loucas e nem gosto de drogas!

A. Depender dos outros pode ser mais assustador do que certo grau de marginalidade... Daí o agradecimento se converteu em faturamento.

Sentimentos como vergonha, medo, humilhação foram inscritos com firmeza. Havia lugar para falar de mentiras, roubos, marginalidade, transgressão, esconderijo, paternidade, pobreza. Paralelamente, fazer dieta era cada vez mais difícil. Vera começara a ganhar peso. Importante relatar que, um ano e meio depois do *spa*, voltou a engordar e em meses ganhou 13 dos 15 quilos perdidos a duras penas. A privação dava lugar à compulsão por doces e outros alimentos que outrora foram banidos. Foi então que retomei as indicações: comer guiada pela fome, parar assim que a saciedade for percebida, escolher as comidas livremente para cada momento de fome. Investigar o próprio comer. No início, Vera não pareceu muito animada com a proposta. Mas, aos poucos, trazia um ou outro *insight*, fazia certas ligações com a comida e o comer, que me permitiam perceber que estava trabalhando no tema. Nada muito explícito.

Melancolia, suicídio, comida

No trabalho, Vera se interessou em participar de um grupo que fazia prevenção ao suicídio. Algumas narrativas sobre falta, abandono, dor e desespero foram criadas. Comer, o lenitivo mais eficiente por muitos anos, apresentava efeitos adversos.

Frequência e pagamento estavam regulares. Faltava pouco, muito pouco, às sessões. O desespero paulatinamente se fez mais presente. Sonhos em que o namorado (aquele que a abandonara às vésperas do matrimônio) aparecia e acordava assustada foram substituídos por sonhos em que ele dizia não te quero mais ou você foi preterida. E acordava horrorizada. Abandono, cachorro sem dono, a sensação de ser vira-lata e de comer como um vira-lata se tornaram matéria prima do trabalho analítico. Vera sentia que podia contar comigo ao revisitar o pior pesadelo.

O desespero foi ganhando novos contornos. Diante do abandono do noivo, ela se abandonara.

V. Se ele podia me abandonar, mesmo eu fazendo tudo certinho, então qual o sentido de me cuidar? Tanto faz, né?

O abandono ganhou novos sentidos. O abandono era castigo, raiva, não ter conserto.

V. Quando ele disse que ia pensar, eu pensei: está tudo acabado. Se o cara diz que vai pensar, já acabou. Ele sabia que eu era assim.

A. Então foi castigo... você não admite falhas, se ele quis pensar, não tem conserto. Arranhou, rachou.

V. Só que eu também rachei. Hoje eu entendo o que não pude entender naquela época. É normal ter medo, não significa que está tudo acabado, mas naquela época eu não podia perdoar.

A. Nem perdoá-lo nem se perdoar!!

V. Eu morri, meu chão sumiu! Eu me escondi, fiquei anos sem ver ninguém, sem sair de casa. Era castigo, era mais que isso...

A. Acho que há momentos ou circunstâncias na vida em que podemos estar tão esfolados, tão sem proteção, que até a luz do dia machuca.

Vera chora. Chora bastante. Ao final da sessão, me conta que tem sentido vontade de ter alguém. Marcou a cirurgia bariátrica, quer voltar a gostar do seu corpo, gostar de se vestir. Chega de se esconder. Não quer mais tomar tantos remédios, sente dores nas costas, o peso atrapalha muito.

Um conjunto de sessões foram dedicadas ao ódio. Ódio do noivo e dela mesma, ódios misturados. Ódio dos amigos. Ódio dos terapeutas que não tiveram a sensibilidade em entender que ela estava morrendo. Antologia de ódios. A mulher preterida. A mulher abandonada. O ódio foi dando lugar à dor. À dor de perder o noivo se somava a dor de se perder. Várias camadas de dor se superpunham. Não existia sem ele. Não sabia fazer nada sem ele. Não atendia às necessidades dele. Não sabia conversar com ele. Parou de postar fotos triunfantes nas redes sociais. Não telefonou no aniversário dele. Precisava esquecer. Eram muitos anos perdidos chorando e morrendo e comendo por causa dele. Vera queria se livrar dele, do passado, e seguir adiante.

A ideia da cirurgia bariátrica partiu dela. Creio que estava bem preparada para o procedimento. Médicos foram visitados. O cirurgião escolhido era de confiança. Os medos foram tratados em análise por mais de um ano. O principal medo era perder o maior prazer de sua vida e não conseguir encontrar outro prazer para colocar no lugar. Tinha medo de se suicidar caso isso acontecesse. Regularmente, trazia para as sessões pequenas anotações mentais do que percebia no modo de comer. Os sinais de fome, saciedade e prazer em comer se tornaram preocupações agora investigadas. Os *blogs* acompanhados, de moças de idade semelhante que fizeram a cirurgia, a animavam. Esse movimento intenso, renascimento de vontades e desejos, esperança de uma vida melhor e receio de se matar marcaram as sessões por longo período.

Continuamos a falar sobre comida. Desde que a cirurgia despontou, o tema foi cada vez mais tratado por nós. Vera vem comendo cada vez mais guiada pela fome, pela saciedade, sem privação de prazer – é o que me relata em tom de confidência. Percebe que come menos, as roupas estão mais largas e os irmãos comentam que há mudança na maneira de comer, menos voraz. Um pedaço de bolo. Um salgado. Não passa vontade. Quando está *nervosa,* come demais, muito além da fome, depois se sente mal. Aprendemos que *nervosa* quer dizer muitas coisas diferentes. Raivosa, triste, sozinha, abandonada. Ao identificar alguns desses afetos, se tranquiliza. Às vezes toma umas gotas de Rivotril e dorme durante o fim de semana – opta por não pensar, é difícil se ver tão... encontrou a palavra "esgarçada" para se designar. Quando consegue pensar no que quer comer, no que está sentindo, come na medida certa. Comeu croquete no almoço, dessa vez só dois. Era exatamente o que queria comer. O trabalho analítico prossegue. Acredito que Vera pode falar da relação com a comida, bastante erótica às vezes – motivo de vergonha –, à medida que houve maior confiança no vínculo e nela mesma; quando a análise ganhou maior densidade.

Há coincidência temporal e proporcional entre o aparecimento dos aspectos melancólicos em análise e o desejo de fazer cirurgia bariátrica. Eu penso em Vera se livrando do peso do passado, do peso morto, peso do abandono, peso do ódio a si mesma e ao outro. Penso no peso do castigo dado a ela e ao ex-namorado, indiscriminadamente. Castigo e aconchego entrelaçados na comida e no comer. Percebe que a punição maior sofreu sozinha. A comida tapou tantos buracos e anestesiou tantas dores! Acalmou angústia sem fim. Foi a única válvula de escape. Como remédio insuficiente, precisava aumentar a dose, cada vez mais, para obter algum efeito. Há muita dor em perceber que foram oito anos adormecidos, anestesiados, e 20 quilos a mais.

Não observo nenhum sinal de pensamento mágico, tipo "o dia em que eu for magra, tudo será diferente em minha vida". Observo Vera atenta, cuidando melhor de si, mais carinhosa e paciente consigo. De mãos dadas com a análise.

A cirurgia ocorreu como esperado. Não foi fácil, mas para Vera não houve tanto sofrimento quanto imaginava. Nas sessões, os temas comida, estômago, corpo e romance prevalecem. Envia fotos das mudanças corporais, roupas que experimenta, possíveis cortes de cabelo. Ensaios para ser mulher. O feminino está sendo explorado, investigado, e o desejo brota.

Sintomas penosos de bulimia e compulsão alimentar, além das múltiplas agressões sofridas, travestidas de cuidados, que observamos se repetir, se amenizaram drasticamente. Transformaram-se no medo de que daqui a alguns anos, perdido o efeito da cirurgia, a relação com a comida volte à situação anterior. Teme perder o controle, receia engordar novamente, embora nada ou nenhum sinal de que isso possa acontecer esteja presente. À medida que experimenta comer guiada pelos sinais internos de fome e saciedade, que se vê capaz de escolher comidas que gosta de comer para cada momento de fome, sente-se mais confiante. Está feliz com seu corpo, apesar de alguma flacidez. Ao reconhecer faltas, falhas, perdas e sentimentos, sente-se mais forte. A análise prossegue por novos campos.

Comentários de Lia Pitliuk

A dimensão da "especialidade"

Esta apresentação de caso traz questões muito interessantes sobre objetivos, método e possibilidades de uma prática clínica mista: por um lado, uma escuta sensível referenciada pela psicanálise; por outro, uma espécie de intervenção sugestiva dirigida ao que a analista nomeia como *autonomia alimentar*. Essa é uma composição singular, atravessada por questões de muitas ordens diferentes, que nos exigem distanciamento de ideias preconceituosas e delicadeza de análise.

Antes de mais nada, não nos ouricemos com a expressão "intervenção sugestiva", ferramenta habitual da clínica cotidiana, de formas mais ou menos explícitas. Sugerimos que o paciente se recoste no divã, que associe livremente, que atente a algo que disse ou que deixou de dizer, e assim por diante – sugestões, todas, destinadas ao desdobramento do método analítico: a associação livre – e à apreensão de si mesmo em sua própria fala, em seus silêncios, estados de corpo, atos, sentimentos etc. Sugestão de que se permita ter experiências, que as leve em conta e que tente nomeá-las.

No trabalho com Vera, vemos essa vertente em funcionamento, com a sugestão de que ela atente aos sinais de seu corpo ligados à fome e à saciedade, e que explore suas relações com os alimentos, assim como seus afetos. E isso é bem interessante.

Entretanto, embutido neste mesmo movimento, penso haver uma outra faceta que nos exige reflexão: a escolha das experiências de *fome* e de *saciedade* como objetos privilegiados de atenção, tomados como os sinais reguladores mais adequados do comportamento alimentar. Há uma meta aqui: que, uma vez bem discriminados, estes sejam os sinais a orientar a ingestão de alimentos, em lugar dos que estavam em vigor.

Esse me parece um problema da constituição de campos especializados de conhecimento associados à clínica analítica: estabelecem-se nichos de saber que, justamente, a psicanálise tanto se esforça em desconstruir; e, também, deles emergem regras de bem-viver, que podem chegar a ser tão ou mais aprisionantes do que aquelas com as quais tanto lutamos para desativar. No que agora nos ocupa, trata-se do campo das problemáticas alimentares que, enquanto uma espécie de *especialidade,* faz supor no analista um saber prévio sobre o problema. Em nosso caso, um saber sobre as origens da compulsão ("Nos anos 1970, psicanalistas já sabiam que privação alimentar levava à compulsão") e um saber sobre como combatê-la ("... propor alguma ruptura com a mentalidade de dieta visando, mesmo que no horizonte distante, à autonomia alimentar").

Tendo a cautela em relação ao uso da noção de *autonomia*, para mim sempre tão amalgamada à de *heteronomia*, quando se trata do humano. Nesse caso clínico, no que se refere às intervenções sugestivas, me parece que a autonomia em relação a "restrição, dietas, privação e fobias" se daria em troca da submissão a uma outra norma: Vera é convidada a obedecer mais aos ditames do *organismo*, marcadamente distantes das demandas do psicossoma erógeno.

Essa me parece uma via perigosa. Se Vera tivesse podido seguir à risca essa sugestão, poderíamos imaginar que suas outras necessidades e desejos deixassem de se derramar sobre a alimentação: ela perderia peso, talvez prescindisse de cirurgia e, do ponto de vista de sua saúde física e do seu sintoma, poderíamos falar em sucesso. Mas este percurso, fechando-lhe caminhos de descarga, de expressão, de reinvindicação e de compensação, sem que ela construísse outros, poderia ser verdadeiramente desastroso.

Explico-me. Vera vive um impasse, dos mais terríveis que há: do modo como as coisas estão colocadas, os cuidados com a manutenção da vida orgânica ameaçam impossibilitá-la de seguir vivendo. Como vemos, em relação a seus medos da cirurgia: "*O principal medo era perder o maior prazer de sua vida e não conseguir encontrar outro prazer para colocar no lugar. Tinha medo de se suicidar caso isso acontecesse*".

Aqui, um parêntese: parece-me que prazer e objeto são indiscerníveis: pavor de perder tanto seu objeto quanto o prazer com sua mistura com ele, como veremos um pouco à frente. Arremessada ao adaptativo – e, assim, sem seu objeto e sem seu prazer –, ela poderia se matar. Ou, adicionemos, poderia encontrar/fabricar outro objeto e outro prazer, outra compulsão, tão ou mais perigosa, "para colocar no lugar".

Vera não se dobrará a essa nova ingerência de comer por fome, insiste em suas reivindicações e expressões – condições de existência que tragicamente colocam em risco sua sobrevivência física. Até presta atenção à fome e se submete à cirurgia, mas vemos que não será pela submissão a esses tipos de solução que encontrará um modo de viver.

Em minha opinião, ela tem dois trunfos a seu favor. Por um lado, sua tenacidade em não se dobrar; e, por outro, seu encontro com uma analista que, independentemente de conhecimentos prévios sobre problemáticas alimentares, a escuta e se deixa tocar.

A dimensão analítica

Desde o início, vemos como a analista não permanece capturada pela "especialidade" da problemática alimentar: "*Talvez se tratasse de sentimentos ocultos condensados: medo de perder o controle não só do comer, mas também da imagem e do tamanho corporal, medo de vínculos, do peso dos vínculos, medo do abandono e medo da morte*". Em vários momentos, de fato, a analista apreende a radicalidade do caminho regressivo de Vera, chegando a lhe dizer: "*há momentos ou circunstâncias na vida em que podemos estar tão esfolados, tão sem proteção, que até a luz do dia machuca*". E é assim que, sensível à intensidade, à densidade e à complexidade envolvidas na experiência de Vera, a analista compõe com a paciente um jogo delicado de mostrar-ocultar-aguardar, que permite que a relação se estabeleça e se desenvolva.

Já nos dois primeiros encontros, delineia-se a profunda dissociação psíquica desta moça. Por lado, uma Vera em luta, durante toda a vida, por controle, adequação, normalização – vários elementos articulados ao universo da adaptação. Para isso, tenta duas estratégias: emagrecer pela via das dietas, ou aceitar-se gorda. Qualquer uma delas, se bem-sucedida, atingiria a meta central da adaptação, que é manter afastadas as fontes e os riscos de "ebulição", palavra tão bem escolhida pela analista.

Mas as duas estratégias falham, sistematicamente; os problemas seguiam "pipocando" sem lhe dar descanso, nenhum caminho adaptativo era eficaz, e assim ela busca a análise, que se inicia pela construção de uma relação íntima, intensa, caracterizada pela analista como "simbiótica", e da qual Vera usufrui com imenso prazer. Não me parece abusivo caracterizá-la como uma relação primária, uma relação com um objeto primário: "*Vera adorou a liberdade de falar do que quisesse e adorou o esquema em que ela mesma se colocou, que significava falar de tudo que acontecia... Ela relatava cada detalhe do que se passava com ela, com o corpo, com os pensamentos, com a comida, com os exercícios físicos. Nos tornamos confidentes, amigas de infância, unha e carne*". Sagazmente, a analista adiciona: "*Perguntei em silêncio se com a comida não era assim também*".

Parece-me que sim, como leremos mais à frente: "*A comida aplacava tudo. Por anos... guardava uma comida bem gostosa para comer sozinha trancada em seu quarto. Se tinha um dia ruim dobrava a dose de comida. Para compensar a dor, reequilibrar a economia psíquica, ressarcir as perdas*". Sim, a comida, como o pai, o namorado, a analista: objetos intensamente necessitados como objetos primários, o que nos permite compreender a assimetria nessas relações – especialmente na relação transferencial, que a analista apreende como de submissão. Penso que se trata da submissão de quem se põe à mercê do objeto de onde tudo virá: o alimento, o calor, a magia, a alegria, a esperança, o futuro. De fato, Vera mergulha na relação aceitando todas as condições que lhe são apresentadas, quase que sem mesmo prestar muita atenção a elas, porque, do ponto de vista subjetivo, elas não se traduziriam em responsabilidades *dela*, enquanto sujeito autônomo e maduro. As bases das relações eram outras.

Acontece então um momento delicado e preocupante, quando a analista diz à paciente que havia um desencontro entre seus sonhos e a então nomeada *realidade* – desencontro representado como "*trilhos de trem que nunca se encontram*". Preocupante, eu diria, pelo risco de queda em desespero, já que "encontrar a realidade" não é, de fato, uma opção para Vera. Pareceu-me bastante compreensível que ela se mostrasse "*desencontrada depois dessa intervenção*": penso que a passagem do universo subjetivo – "das estrelas" – para a externalidade, ou a alteridade, precisava de processos de transição que estavam ainda para serem construídos. Como a analista pontua: "*não havia espaço para discordar, para aprender, para tentar, para perceber que não podia tudo, para me propor uma negociação...*".

Essa era a questão da sua vida, dos seus sintomas, e, naturalmente, também a de sua análise: sem a transicionalidade, sem espaço de composição entre mundos nos quais descansar dos impasses dos binarismos, não é possível viver *com* a externalidade. Sem a transicionalidade, só há submissão massacrante e destrutiva: ou a externalidade se dobra inteiramente a ela, ou será ela a se dobrar inteiramente ao externo – sucumbindo como existente. Oposição sem saída: em qualquer alternativa, um resultado mortífero.

Claro, a análise fica prestes a se inviabilizar, pela impossibilidade de Vera cuidar dela, como também de si mesma. Alguém tem que se responsabilizar pelo contrato analítico, e é a analista quem assume o ônus da tarefa, sustentando-se no lugar de objeto primário, de objeto subjetivo e cuidador: "*Não perdi a paciência nem interrompi o trabalho*", ela nos diz – condição essencial para que a viagem prosseguisse, até que Vera pudesse avançar.

Nem sempre isso é possível para um analista. Que bom que aqui tenha sido, porque é na relação transferencial que Vera passa a descobrir/inventar passagens interno-externo, dentro-fora, eu-outro: "*As faltas e atrasos na sessão, além de atrasos de pagamento, foram, aos poucos, substituídos por conversas sobre faltas e atrasos na vida. Vera podia confiar em mim, falar de falhas e insuficiências*". Desdobram-se então os trabalhos sobre o namoro, as relações com os pais, o desamparo e os "jeitos" que ia dando para contorná-lo, o ódio e tantos outros sentimentos, o desespero.

Claro, não temos como acompanhar aqui toda a riqueza e delicadeza de tantos anos de análise. Apenas para finalizar, eu sublinho um novo risco a que Vera se expõe, neste período pós-cirúrgico, ao supor que sua saída está em "*se livrar do peso do passado, do peso morto, peso do abandono, peso do ódio a si mesma e ao outro*". O "peso morto a ser excluído" me parece indicador importante de quanto trabalho integrativo resta por fazer, por meio da construção de novos circuitos e novas formas de ligação com os objetos.

Objetos vivos com que possa seguir viva.

Comentários de Dora Tognolli

Contexto

Escrevo esses comentários num domingo paulistano, 21 de março de 2021, um ano de isolamento por conta da covid, e 292.900 mortes em nosso país, que se apresenta numa curva acelerada de contaminação, vacinação lenta, aumento de risco em idades mais jovens, UTIs lotadas, desgoverno, irracionalismo destrutivo... Clima bastante sombrio. Impossível não demarcar tal contexto. (Obs.: cinco dias depois, ao reler o texto, o número de mortos no Brasil ultrapassou 300 mil...).

Mas, como diz um cronista, na *Folha de S.Paulo*, "*menos inferno, mais piano*", por que não parafraseá-lo: "*menos inferno, mais psicanálise*"? E, assim, me lanço à tarefa: um desafio saboroso e instigante. Proposta de diálogo entre colegas até então anônimos e desconhecidos, que generosamente escrevem e compartilham conosco seus relatos clínicos, numa busca de levantar questões e colocar em movimento nossas teorias.

A iniciativa de *Debates clínicos,* seu formato, seu protocolo e sua ética, que pretende sustentar a complexidade de nossa práxis, muito me agrada. Tive oportunidade de resenhar o volume 1 (*Rev. Bras. de Psicanálise*, 2020), e, agora, me situo diante de uma tarefa ainda mais complexa e instigante: compor o trio que se debruçará sobre uma narrativa clínica.

Prólogo

Foi bastante difícil, para mim, "embarcar" no texto apresentado. Foram necessárias diversas leituras para encontrar Vera e sua história. Reproduzo, aqui, os capítulos assim como nomeados pela analista de Vera, começando pelo prólogo: nele, quem se apresenta é a própria analista: "*vinte anos com pacientes que sofrem com problemas alimentares... dissertação de mestrado... inúmeros artigos publicados sobre o tema...*". O prólogo fala de um currículo sólido, que pode querer dizer extremas dedicação e interesse pelo tema dos transtornos alimentares. E, aqui, surge uma primeira questão: quais os ingredientes necessários para que uma análise aconteça? Para que a transferência se apresente e seja acolhida? Para que tenhamos acesso a uma narrativa de sofrimento, rememorada/construída e forjada nos laços do *setting* analítico? E até que ponto nossas qualificações e estudos dedicados nos protegem do estranhamento e do enigma que representa o encontro com cada outro que nos procura?

Nesse modo de narrar da analista, nos deparamos com uma paciente que surge como um mero corpo exagerado, grande e pesado demais, e que, portanto, num primeiro momento, não nos traz uma história, mas sim um volume excessivo que ocupa espaço e pesa. E a história, que buscamos, demora muito para chegar... entramos numa pré-história, um corpo que sobrevive e ingere alimentos. Movido por quantidades e excitações, quase um sistema econômico de conservação no mundo dos humanos.

En passant – setting

En passant, a analista nos conta que o caso Vera se trata de um problema alimentar: parece que está em busca de uma especialista nesse quesito e não de uma analista. E que suas tentativas anteriores de falar com especialistas da alma (os chamados "psicólogos") resultaram em fracasso. Não fica claro quem desistiu de quem, mas fica no ar um clima de abandonos seguidos, desistências, desencontros e processos que não se abrem. Vera não tem alma? É só um corpo? Precisa ir em busca de sua alma ou construí-la? Será que alguém pode reconhecer seu sofrimento psíquico, nomeá-lo e por ele se interessar?

A descrição que ora se apresenta está condensada no significante: 100 kg. Uma descrição quantitativa, que pesa e soa como desmesura. É por conta dessa queixa que Vera vem novamente em busca de uma analista.

No texto *Tratamento psíquico, tratamento anímico* (Freud, 1890), a primeira frase diz: "*Psique* é uma palavra grega que em tradução alemã significa 'alma' [*Seele*]. Portanto, tratamento psíquico seria tratamento anímico". Um texto preliminar, que problematiza a ideia de alma (diferente de mente/*mind*, conforme a tradução inglesa), que trata da magia que se opera num encontro analítico, a partir do uso da palavra como ferramenta *princeps*. No relato sobre Vera, o corpo ocupa espaço, nos inundando e pedindo que seja olhado e escutado. A abordagem freudiana, desde o início, introduz o paradigma do psíquico, ancorado no inconsciente e guiado pela transferência, que inclusive se manifesta no corpo, em sintomas como os de Vera, mas que pedem outro tipo de encaminhamento, elucidado pela metapsicologia que vai se desenrolar durante toda a obra de Freud e seus seguidores.

A analista nos relata: "... *fiquei em dúvida entre propor à Vera algumas orientações ou aguardar momento mais oportuno. ... Em alguns casos uso técnicas ativas que indicam ao paciente procurar comer guiado pelos sinais de fome, parar de comer assim que a saciedade chegar e escolha livre de alimentos para cada momento de fome".*

A dúvida da analista nos ajuda a recuperar a própria trajetória do movimento psicanalítico e a primazia do método, em detrimento da técnica. Nos estudos sobre histeria, acompanhamos Freud hipnotizador, prescritivo, fazendo uso da sugestão, e problematizando o alcance e a ética de cada estratégia. A mencionada técnica ativa, segundo a analista de Vera, leva em conta que pessoas obesas podem apresentar um padrão de repetição e de automatismo de sintomas e propõe formas de quebrar essa estereotipia. E, sem dúvida, pode funcionar. Trata-se de técnicas formuladas ao longo de experimentos clínicos, e que autorizam os especialistas a praticá-las. A analista deve ter familiaridade com esse mundo das dietas, como deixa claro.

Porém, cabe falar do método, que, no campo da psicanálise, encontra-se bem distante de algo prescritivo e *a priori*. O método, o simples e complexo par associação livre e atenção flutuante, é encontrado no próprio processo: na verdade, ele é o processo. E ele se reinstala com cada paciente que chega, a seu modo, nos colocando mais próximos dos enigmas, dos mistérios, do não sabido – não conhecido. Num certo momento, quando Vera decide se ausentar por duas semanas, para realizar seu projeto *spa*, a analista sugere que ela pode falar do que quiser, do que bem entender, sem um roteiro combinado. E parece que Vera adorou a liberdade de falar. O que significa que talvez ela estivesse também cansada só de falar de um corpo, e não de Vera, que é mais do que um corpo. Foi dada a largada: *fale do que quiser...* convite para associar, narrar, se contar. Vera surge e a analista deixa de ser meramente uma especialista em tratamento da obesidade. E a fala espontânea, para a qual a analista convida Vera, desencadeia a transferência e permite que ela seja o motor da análise.

Certas comunicações da analista me parecem da ordem da contratransferência: os medos que ela menciona, já no primeiro encontro: "*nesse primeiro encontro falei brevemente desses medos. Optei pela leveza, os mencionei de forma sutil. Algo me dizia para não a assustar com palavras fortes e intensas emoções... Sobre os medos tangenciados por mim, nada disse, mas acredito que minha intervenção tenha sido registrada*".

Gostaria de me deter nessa comunicação: além de muito obesa, Vera surge como alguém assustado, e quem sente e nomeia o medo é a analista, quase como um primeiro registro psíquico. Estamos nos aproximando de uma área de sofrimento, quiçá de trauma, dada a intensidade que transparece. Daqui, de longe, como testemunha, chego a pensar em Vera portadora de uma massa de gordura que protege o corpo, mas não seu psiquismo. E um aviso à analista: meça suas palavras, elas podem ser perigosas...

Associei essa hipótese à formulação do "Projeto" (Freud, 1895/1989), trabalho no qual Freud tenta responder como quantidades se transformam em qualidades, ou, em outras palavras, como se dá a passagem do corporal para o psíquico. Freud considera que a mera descarga motora não é suficiente para reduzir a tensão do que ele denomina sistema psi; mais ainda: o alívio da tensão só pode ser obtido por meio de uma ação específica, capaz de eliminar o estado de tensão na fonte, ou desprazer. Freud parte da ideia de um bebê recém-nascido, que não seria capaz de executar tal ação específica: ela só pode ser executada com a mediação de um outro (*Nebenmensch*). Essa ajuda externa não se reduziria à satisfação de necessidades, mas sim introduziria o sujeito na ordem simbólica, fruto do recalque. Parece faltar, em Vera, o recurso da ordem simbólica, e o seu corpo entra em jogo de forma imediata, buscando satisfação.

Depois do surgimento da figura do medo, a analista nos abastece de teorias sobre compulsão alimentar, todas muito lógicas e referendadas. Porém, fica uma questão no ar: e Vera? Quem é o sujeito dessa história pulsional? Ou quem pode vir a ser esse sujeito? Entender a compulsão à repetição talvez não nos ajude a entender o processo de constituição de Vera. Parece que precisamos aguardar o tempo da transferência, único acesso do analista, seu mais recente destinatário, o que leva tempo...

Durante as sessões remotas, no *spa*, a analista comenta que "*nos tornamos confidentes, amigas de infância, unha e carne. Esperei o momento para lhe dizer que percebia nossa relação, muito próxima, um tanto simbiótica até, como se não houvesse distinção clara entre ela e eu*".

Como estamos praticando aqui uma reflexão, distantes da ideia de supervisão ou modo correto de ser analista, esse momento pode ser interessante para pensarmos os fenômenos de transferência e contratransferência. E para questionarmos as falas da analista, banhadas nesse fenômeno amoroso, que as análises põem em jogo, antecipando uma ligação que talvez Vera nem estivesse preparada para encarar, e que nos conduz à sua história familiar e posição ocupada no grupo onde nasceu. A proximidade, apontada pela analista precocemente, acaba escamoteando as dificuldades de Vera para entrar em contato com o estranho, com aquilo que ela desconhece. Cabe a pergunta: qual a melhor forma de o analista permitir que seus estados mentais fiquem à disposição do paciente e dele próprio, favorecendo o movimento da análise, em estágios nos quais nem bem se sabe o que essas percepções significam? Bollas (1992) aponta a ansiedade exacerbada, que leva os analistas a traduzir e compartilhar as experiências com seus pacientes, tirando-o de situações enigmáticas e incognoscíveis que causam perturbação.

Ferimento mortal e outras histórias

O tempo vai passando, a análise se mantém e a analista vai nos contando as transformações que vão ocorrendo, inclusive a organização que se manifesta no *setting* (pagamento, faltas etc.). Parece que um pacto assumido pela dupla garante o prosseguimento da análise.

Começa a surgir uma narrativa, não mais uma mera descrição, na qual podemos acompanhar o lugar ocupado por Vera numa família precária, confusa, e as parcerias difíceis com as figuras parentais e os irmãos, meios-irmãos. Acontecimentos difíceis durante seu percurso: a estadia turbulenta no exterior, em condições precárias e até perigosas; o abandono do par amoroso, perto de casar-se; e a condição familiar paradoxal: Vera não era irmã dos irmãos e não era filha do mesmo pai, mas a família sustentava uma história mentirosa, que só atendia aos ideais morais de uma mãe com dificuldade de reconhecer fracassos. Muitos fracassos, não metabolizados, que se acumularam por quase trinta anos... muitos excessos.

Podemos nos perguntar como Vera metabolizou os diversos fracassos e desilusões que a vida foi tecendo: o fracasso de ordem narcísica, por não ser o ideal dos pais; o fracasso edípico, por não ser a "filha queridinha", como teimava em acreditar; e o fracasso amoroso, abandonada pelo namorado sem se dar conta de seu desinteresse, que reitera os anteriores.

Minha hipótese é de que a analista tenha ficado com a incumbência de não ser o agente provocador de mais fracassos na vida de Vera, o que dificultou a percepção de uma transferência negativa, que se apresentava nas faltas e atrasos no pagamento. A analista relata que o início do trabalho foi difícil, e que o sim de Vera contrastava com uma forte resistência em aceitar as condições da análise. Vera não dizia não, aparentemente concordava com as condições da analista, mas não as cumpria. A analista reconhecia que não era uma questão de interpretar: as atuações de Vera dominavam a cena. Foram necessários mais de três anos de análise para que Vera passasse a concordar com o pacto que a analista propunha.

A ruptura com o namorado não pôde ser vivida em sua totalidade: parece que a estrutura frágil de Vera não a tinha preparado para as surpresas da vida. Assim como sua mãe maquiou a condição de ter filhos de pais diferentes, Vera recusou-se a admitir o abandono.

Por fim, a decisão sobre a cirurgia bariátrica: voltamos ao corpo, mas um corpo erotizado, habitado pelo pulsional... uma espécie de necessidade de renascer, nascer diferente, acompanhada de uma capacidade de elaboração e entrada na dor (daí o aspecto melancólico mencionado pela analista). Assistimos à entrada de Vera numa vida mais complexa, pautada por conflitos e seus atravessamentos, hoje resíduos que constituem Vera.

O relato dessa análise nos permite visitar e ressignificar uma história de vida, sustentar a transferência, criar movimentos, cuja matéria contempla o enigmático no paciente e na analista

Para concluir, cito um trecho de Walter Benjamin (2012), que traz a dimensão do tempo em "Escavando e recordando", e que expressa poeticamente nosso método:

> *Quem pretende se aproximar do próprio passado soterrado, deve agir como um homem que escava. Antes de tudo, não deve temer voltar sempre ao mesmo fato, espalhá-lo como se espalha a terra, revolvê-lo como se revolve o solo. Pois "fatos" nada mais são além de camadas que apenas à investigação mais cuidadosa entregam aquilo que recompensa a escavação.*

> *Especificamente as imagens, que desprendidas de todas as conexões mais antigas, ficam como preciosidades nos sóbrios aposentos de nosso entendimento posterior, igual a torsos na galeria do colecionador. ... Mas é igualmente indispensável a enxada cautelosa e tateante na terra escura. (p. 239)*

Referências bibliográficas

Benjamin, W. (2012). *Rua de mão única. Obras Escolhidas II*. Brasiliense.

Bollas, C. (1992). *A sombra do objeto.* Imago.

Freud, S. (1989). Projeto para uma psicologia científica. In S. Freud, *Edição standard brasileira das obras psicologias completas de Sigmund Freud* (Vol. 1, pp. 387-529). Imago. (Trabalho original publicado em 1895).

Freud, S. (2018). Fundamentos da clínica psicanalítica. In *Obras incompletas de Sigmund Freud* (Vol. 6). Autêntica Editora. (Trabalho original publicado em 1890).

Debates clínicos 16: caso Sara e sua família[1]

Miriam Debieux (Apresentadora)

Paula Francisquetti e Thales Ab'Saber (Comentadores)

Apresentação de Miriam Debieux

Caso, acaso e repetição na clínica psicanalítica

Recebi com alegria o convite de Paula Peron, em nome da *Revista Percurso,* para escrever um caso clínico a ser comentado por colegas na seção "Debates clínicos". Alegria pela oportunidade de revisitar a minha clínica e de escrevê-la, endereçada aos colegas. Afinal, o caso clínico faz o analista e, entre os casos que me instigam, escolhi um que me interrogou quanto à sua condução, a começar pelo questionamento de qual é o caso, quem é o paciente, interrogação que fez a marca deste caso.

Apresento o caso clínico dando realce a três termos: a marca do caso, a construção do caso e a transmissão por uma escrita. A *marca do caso* (Dumézil , 2012) diz do enigma em torno do qual a narrativa do analista é estruturada. O seu caráter de *construção*

1 Publicado na revista *Percurso* n. 67, dezembro de 2021.

dá ênfase aos efeitos da escuta na elaboração de um saber, na direção tanto da historização do sujeito como da interrogação da teoria. O efeito de *transmissão* opera em várias direções: para quem é escutado e pode ressituar-se no laço social; para quem fala e/ou relata o vivido, remete à transformação da vivência em experiência; já aquele que recebe a narrativa encontra a possibilidade de receber o testemunho e dar endereço para a circulação das inquietações que o caso promove. Espero transmitir a marca desse caso, a sustentação do enigma que nos agita e implica, incitando os vários tempos de sua construção, a princípio, de uma adolescente.

A cena clínica que passo a relatar ocorre em uma clínica-escola na qual supervisiono em grupo os atendimentos de alunos dos últimos anos da graduação em psicologia. Sara (nome fictício), uma adolescente de 13 anos, é inscrita pelos pais com uma queixa bastante usual: "ser rebelde e fumar". Entendendo que a queixa é inicialmente dos pais, eles foram chamados para uma entrevista, de modo a situar a reclamação e o modo como está inscrita na trama familiar, social e subjetiva.

Os pais apresentam-se como evangélicos bastante envolvidos nos trabalhos comunitários da igreja e muito preocupados com Sara, pois ela não quer manter os vínculos com a igreja, preferindo os amigos da escola. Além disso, por influência desses amigos, Sara começou a fumar, o que é expressamente proibido nessa comunidade e compromete o lugar e o prestígio dos pais e do irmão mais novo. Demandavam uma intervenção que convencesse Sara a parar de fumar e voltar a frequentar o culto e seus grupos.

Na supervisão, as alunas (o grupo era composto por mulheres) identificaram-se imediatamente com a adolescente e seu movimento legítimo de romper com os padrões e imposições familiares. Tinham claro que a função do atendimento não seria convencer a jovem, mas dar a ela possibilidades de traçar seu próprio caminho, tarefa do processo adolescente. Os pais, pautados em uma religião rígida e moralista, estariam mais preocupados com seu prestígio e crenças e distantes da relação com a filha, ainda considerada uma criança que não sabe escolher.

Dois universos, dois discursos se cruzam: os valores da classe média e universitária, instruída pelas concepções da psicologia e da psicanálise, e os valores de um grupo periférico com pouco acesso à cultura e às letras, que se ancora na comunidade que lhes dá proteção.

Nessa primeira aproximação, ainda não está marcada nem a sua singularidade nem o enigma, que interroga o analista e conduz o caso. Pelo contrário, há um saber que, se abre o caso, fixa uma narrativa teórica e obtura a escuta. Tal enigma nesse momento se estruturou sobre a angústia. Qual seria a angústia que mobilizou de fato e singularmente os pais, que, apesar de suas crenças religiosas, trazem a filha para procurar ajuda em uma clínica psicológica? Como Sara entra nessa trama fantasmática?

Nessa direção, a posição será menos entrevistar, mais escutar os pais e Sara. A escuta tem a função de convocar o sujeito a se incluir, a se contar na narrativa e visa a produzir uma posição para o sujeito na ficção fantasmática, de modo a situar a si e ao seu desejo em sua história.

Incluir os pais como analisandos cria outra questão, qual seja, dar um lugar para Sara dizer a seu modo como se enreda nessa cena. Entendemos que um ato de separação do seu lugar de criança, dos pais, seria escolher outra analista para Sara. Desse modo, seria demarcada a descontinuidade do atendimento dos pais e dado andamento à demanda de escuta para com ela.

Essa direção nos permitiu saber que um conflito e um impasse angustiante estavam colocados na queixa dos pais: fumar, nesse contexto religioso, significa a presença demoníaca rondando Sara e, a partir dos 14 anos, ela, segundo a comunidade, passaria a ser a encarnação do demônio. Nesse caso, seria expulsa da igreja e deveria ser também expulsa da família – sem negociação possível. Havia uma fratura no casal: o pai inflexível, a mãe ambivalente, mas desesperada e sem forças para enfrentar sozinha o pai, a igreja e as consequências, seja do rompimento com eles, seja na expulsão da filha de casa, que não teria a quem recorrer.

A religião é um apoio simbólico importante, abrindo o universo da cultura e da pertença e conexões aos valores desenvolvidos na história. Mas, como alerta a psicanálise, pode promover o máximo de alienação e o impedimento do processo analítico. Nova questão nos interroga: o que pode a clínica ante a adesão acrítica à religião, ao que parecia um fanatismo religioso? O impasse posto aos pais seria entre Deus (igreja) e o diabo (filha) – escolha pronta quando colocada desse modo imaginarizado. Tínhamos um caminho: se não cabe à psicanálise impor crenças ou valores, cabe-lhe desconstruir propostas imaginárias que se apresentam como simbólicas e recuperar o lugar dos pais nessa escolha a eles proposta.

A direção do tratamento foi recuperar o lugar da religião e dessa comunidade na vida dos pais – como se processou uma alienação que não permite a um e ao outro uma resposta a partir da posição de pais, responsáveis e implicados na relação com a filha?

A partir desse segundo tempo da escuta, outra cena surge: a morte da filha mais velha quando completou 14 anos, vítima de um aneurisma. Queixava-se de dores de cabeça minimizadas e atribuídas a desculpas para não fazer a lições ou tarefas domésticas. Morre subitamente, lançando os pais na culpa e na dor. Encontram na igreja um lugar de acolhimento e ajuda.

A expulsão de Sara de casa ganha outros sentidos. Algo da compulsão à repetição com seu caráter, aqui, sim, maligno, comparece, repetindo a perda da filha mais velha, dessa vez por um ato dos pais. A impotência diante da morte da filha mais velha atualiza-se na relação com Sara, que está prestes a completar 14 anos, idade fatídica que recorda uma dor não elaborada e que não podem viver novamente. No entanto, dessa feita, há uma escolha possível. Escolha submersa na incitação ao esquecimento da dor e no luto não elaborado. Um trabalho de luto passa a ser retomado.

Vale dizer que o atendimento de Sara foi levantar com ela suas razões, seus interesses e sua determinação em fazer valer o seu desejo, mais além do que o gosto por afrontar os pais e as regras da igreja – continuou fumando e encontrando os amigos. Já com os pais, a escolha como impasse foi desaparecendo, não voltando a ela, pois perdeu a sustentação imaginária. Trabalharam os sentimentos de culpa perante a morte da filha, a impotência, o desencanto na relação, o distanciamento dos outros filhos. Sara fez 14 anos, continuou na escola e os pais, na comunidade.

Quanto ao grupo de supervisão, supervisora incluída, o caso clínico fez marca à medida que pudemos acompanhar as voltas do caso, seu impacto transferencial e contratransferencial. A questão adolescente, a questão da religião, a morte e o luto, a repetição diabólica, a dimensão simbólica, imaginária e real, da história do caso, o debate sobre a legitimidade de escutar os pais sem uma demanda explícita, as apostas nas decisões/atos clínicos sem garantia são componentes da escrita desse caso. A experiência produzida permitiu essa narrativa, necessariamente ficcionalizada em função dos cuidados com a confidencialidade, que compartilho, aguardando outras voltas nesta elaboração.

Comentário de Paula Francisquetti

Onde temos razão, flores não podem crescer.

Yehuda Amichai

No momento político atual, de crise sanitária, social e política, a psicanálise tem retomado com força a questão das clínicas sociais, das clínicas institucionais e do acesso ao atendimento. Nessa retomada, a criação e a proliferação de dispositivos clínicos de escuta têm sido imprescindíveis; um grande desafio para a psicanálise que se pretende viva e comprometida com a justiça social. Nesse sentido, o debate proposto nesta seção da *Revista Percurso* é importante, pois se soma a todo esse movimento em curso.

A situação clínica apresentada acontece em um contexto institucional. Sua construção é em parte grupal, mas passa pela escrita de um, a do supervisor, e é ele que, no processo dessa escrita, a desenha e lhe dá forma. Ela nasce do trabalho de supervisão no contexto de uma clínica-escola, de uma transmissão que se passa por meio da oralidade. Ficamos sem saber se ocorre em um contexto de graduação ou de formação de analistas. Não fica evidente se aquele que escreve participou, em algum momento, dos atendimentos propostos, se está atravessado diretamente pela transferência e contratransferência ou não. Também estão em jogo, nesse contexto, a transferência em direção à instituição e as transferências dentro da instituição. São muitas transferências cruzadas. E, ainda, todo analista, ao escrever um texto sobre o trabalho na clínica, é desafiado a, nesse processo, instituir no leitor "algo semelhante a uma transferência, isto é, um laço no presente com um ausente" (Pontalis, 1991, p. 133). Quem nos responderá sobre o sucesso ou fracasso deste empreendimento é o leitor, o receptor de tal endereçamento...

Narrar a clínica é um desafio para o analista. Um convite a pensar sobre ela. Uma oportunidade de introduzi-la no espaço de troca entre analistas. Seu enfrentamento não deixa de encontrar e expor resistências inerentes a todo processo que envolve o pressuposto do inconsciente. Quanto a escrita da clínica nos mostra do caso? Quanto é o analista (ou supervisor) que lá aparece? Como essa escrita é engendrada? Neste exercício, está implicada uma dimensão ética e, ao mesmo tempo, uma transgressão necessária à transmissão da psicanálise.[2]

Na leitura do livro de Freud *A interpretação dos sonhos* (1899/2019), pode-se observar o deslocamento proposto por Freud do visual do sonho (em que os românticos mergulhavam) para a narração do sonho e sua consequente abertura de um campo polissêmico. A narração do sonho, a narração na clínica e da clínica, são espaços de liberdade, oportunidade de criação de sentido a ser debatido, compartilhado, confrontado.... Agradeço o convite do grupo da *Percurso* por esta oportunidade de participar do debate.

Mas a narração de um caso clínico teria alguma especificidade? Fédida, no texto "Morphologie du cas dans la psychanalyse: questions ouvertes" (Morfologia do caso na psicanálise: questões em aberto), do livro *Le cas en controverse (O caso em controvérsia)* (1999), traz apontamentos e questões sobre o

---

2 Remeto o leitor ao belo texto da seção "Narrar a clínica", de Rubia de Lorenzo, do qual cito um pequeno trecho: "Nesse sentido, a ética do escrito clínico não pode se definir pelo disfarce, pela omissão dos pequenos segredos que certamente saberemos calar. Sua dimensão ética fundamental está no que nos convoca à transgressão. É preciso deixar-se inquietar, deixar-se arrastar pela curiosidade, indagar, persistir, perseverar nesse desejo, que é desejo de saber. É esse movimento que nos leva a desnudar nossos impasses, a injetar vitalidade em nossa prática, a transformar continuamente o que pensamos". Lorenzo, R. (2000). Narrar a clínica. *Percurso, 25*(2), 106-107.

engendramento da forma em um escrito de caso. Na psicanálise, para ele, a marca da clínica em um caso estaria na disponibilidade do pensamento em relação ao material e no modo como esse material trabalha o processo de escrita, como a engendra. Não se trataria de algo relacionado à história íntima, nem à história da doença.

A primeira interrogação apresentada pela autora é sobre a condução da situação clínica. Não se trata de um pedido de atendimento explícito, mas de um apelo dos pais pelo atendimento da filha, Sara, de 13 anos, rebelde e fumante, comportamento que contraria os preceitos da religião evangélica frequentada pela família e ameaça o prestígio dos pais e do irmão, frequentadores da igreja e envolvidos em trabalhos comunitários. Para Roussillon (2019), seria importante diferenciarmos apelo e pedido, sendo o apelo uma queixa em que o pedido ainda não está formulado de forma explícita e sequer foi endereçado.

É interessante notar também que esse apelo foi dirigido à clínica-escola e não à comunidade religiosa frequentada pela família. Destaca-se, nesse ponto, alguma abertura dos pais ao diferente, na transferência com a clínica-escola. Os pais de Sara são chamados para situarem sua queixa. E qual é a queixa-apelo parental? Que ela pare de fumar, volte a frequentar a igreja e respeitar os preceitos da comunidade evangélica. Podemos notar, de um lado, um apelo contundente da parte dos pais e, de outro lado, uma escuta grupal fina que não passa pela mera resposta a esse apelo, mas faz interrogações como: quem deve ser escutado e como? Os pais, que trazem o apelo? Ou a filha deles? O que está em jogo? Para onde aponta a angústia? A escuta da angústia trazida pelos pais, e não uma entrevista, leva à explicitação de um pedido de atendimento deles separadamente do atendimento à filha Sara.

Logo no início do relato clínico, notamos uma observação sobre os diferentes mundos colocados frente a frente: "os valores da classe média e universitária, instruída pelas concepções da psicologia e psicanálise, e os valores de um grupo periférico com pouco acesso à cultura e às letras, que se ancora na comunidade que lhes dá proteção". Pertencer ao mesmo mundo facilita ou atrapalha a escuta? A identificação das alunas com o movimento de Sara em direção ao rompimento de padrões familiares e religiosos pode facilitar ou atrapalhar a escuta? Depende. Por um lado, temos a identificação entre elas, o querer viver, a busca de um caminho próprio por parte de uma mulher que tem de enfrentar, para isso, também os representantes do patriarcado (o pai, o pastor e a religião). Por outro lado, tal identificação também pode dificultar a assimetria, o distanciamento salutar que abre espaço para que o sintoma e o desejo do Outro possam ser escutados. Em relação à escuta dos pais, há o perigo do preconceito, de prevalecer o desejo da analista, de um mundo (o centro) se sobrepor ao outro (o periférico). O grupo de supervisão e a supervisora sabem disso, enfrentam os desafios e, assim, encontram possibilidades de escuta. É a angústia-enigma que movimenta a escrita em questão.

Neste ponto de explicitação dos diferentes mundos das pessoas envolvidas na situação clínica, chama atenção a falta da referência à questão da cor e do gênero, tanto por parte dos analistas como por aqueles que procuram a clínica escola. Há um apagamento desses aspectos, que sabemos gerar tanto mal-estar, dado o racismo e o machismo serem estruturais e o inconsciente estar colonizado tanto pelo racismo como pelo patriarcado.

Um importante questionamento sobre a posição do analista em relação à religião é levantado, questão explorada por Freud em diversos momentos e extremamente contemporânea. Numa das cartas a Pfister, Freud comenta que a psicanálise não seria religiosa nem antirreligiosa, mas um instrumento para atenuar o sofrimento (Wondracek & Junge, 2009, p. 25).

Cada vez mais nos vemos confrontados com a religião evangélica[3] (sobretudo a neopentecostal), que vem se alastrando em nosso país ao se apresentar como possibilidade de laço social e promessa de proteção ao desamparo, num contexto de extrema violência, de crescimento das desigualdades sociais e de deterioração progressiva de políticas de Estado, sobretudo nas áreas da cultura, educação e saúde. Retomo a questão que nos é apresentada: "o que pode a clínica ante a adesão acrítica à religião, ao que parecia um fanatismo religioso?".

Reformulo um pouco a questão: o que pode a clínica e o analista ante o fanatismo? O pai de Sara tem uma posição de inflexibilidade em relação à filha, e a mãe apresenta-se ambivalente, mas sem forças para enfrentar a posição do marido e de seu meio social. Cabe destacar a adesão do pai aos preceitos religiosos impregnados pela sociedade patriarcal e machista. Pode-se considerar que há fanatismo nessa situação? Muito sinteticamente, considera-se fanático todo aquele que pretende convencer o outro de suas razões e não muda, não percebe a si mesmo, não apresenta ambivalência, nem plasticidade psíquica; para o fanático, apenas o outro é quem deve ser convencido de algo.

Uma escuta clínica implica abertura ao inesperado, capacidade negativa,[4] não fanatismo por parte do analista; implica análise do analista, em trabalho psíquico, inclusive sobre crenças,

---

3 Cortes, A. *Reflexões sobre o rompimento do pacto social e a expansão evangélica: das periferias ao cenário político nacional*. Texto no prelo.

4 Bion refere-se à capacidade negativa: "quando um homem é capaz de existir com incertezas, mistérios, dúvidas, sem qualquer tentativa impaciente de alcançar fato e razão... é como olhar em um telescópio ao vivo e ver uma

pressupostos, normatividades. Para se manter a vivacidade clínica, é fundamental que exista a possibilidade de mudança, de poder pegar e largar certas ideias em prol de outras, de apostar no não saber e no fazer saber. Segundo Jean Oury (2009), a neutralidade do analista seria o sem preconceito. Com certeza algo da ordem de um ideal, mas uma direção de trabalho psíquico cotidiano para todos nós. Um fanático não tem como escutar o outro.

O fanatismo traz nele um fechamento, a ideia de uma história única, de uma interpretação única do mundo, o que seria o oposto ao que a psicanálise inaugura com referência à clínica no contexto da modernidade, ou seja, um campo polissêmico aberto a múltiplas possibilidades de interpretação. Ao analista, assim como ao escritor, interessa o abrigo das palavras, sua encarnação, sua possibilidade de abarcar o estranho, o mar de histórias, o desdobramento delas, as múltiplas versões, enfim, a polifonia, a polissemia... Não posso deixar de comentar a linda conferência de Chimamanda N. Adichie *O perigo da história única*, em que, num relato autobiográfico, nos apresenta como as histórias foram se desdobrando em sua vida e como chegou a uma espécie de leque, de paraíso delas.

Em tempos sombrios como o nosso, assistimos, justamente, ao inverso disto, ou seja, à proliferação de embates violentos entre detentores de histórias únicas, movidos pelo ódio; aliás, o totalitarismo é o regime da história única. Para fazer frente ao fanatismo, ao totalitarismo, são imprescindíveis espaços de narração e de escuta, de respiração; espaços de arte, com suas diversas possibilidades de historiar as sensibilidades. Amós Oz, em seu

---

confusão de peças e sobras. E então você vê um padrão emergir" (Bion, 2019, pp. 131-133).

instigante texto *Como curar um fanático*, propõe-nos, contra o fanatismo: a literatura (Shakespeare, Gogol, Kafka, Faulkner...), o humor, a imaginação, a capacidade de existir nas situações em aberto e o reconhecimento da capacidade peninsular de cada um de nós (metade ligada ao continente – origens, família, cultura etc. – e metade voltada e marejada pelo oceano). Pode-se relacionar mar e inconsciente àquilo que fica do mundo em cada um de nós, nosso estrangeiro. Como diz Pontalis (1991): "cada um tem seu corpo estranho interno" (p. 59). Mas também relaciono esse oceano, esse mar, ao vasto mundo que nos rodeia, mundo hoje ameaçado de extinção com a catástrofe climática empreendida pela voraz e insaciável máquina neoliberal.

Volto à Sara e aos seus pais. É fundamental que tenham feito uma proposição de dois lugares de escuta diferentes para os pais e a filha Sara, pois tal escolha traz nela a possibilidade de potencializar o processo de separação de Sara dos pais, inerente à adolescência, um importante momento de transformação na relação com os pais e os irmãos, de reativação da problemática edípica, de separação dos pais da infância, de luto em relação aos pais idealizados e, de outra parte, de luto por parte dos pais da criança idealizada. Momento carregado de desafios, conflitos, em que os ideais estão em jogo. Neste contexto apresentado, tal processo inerente à adolescência está dificultado pela impossibilidade de luto dos pais em relação à morte da irmã mais velha de Sara. Para eles, a separação está vinculada à morte e não à possibilidade de vida, a vida que tanto é almejada por Sara.

Na abertura de dispositivos de escuta para Sara e para os pais é que outras histórias e outras cenas podem se desdobrar. Cenas encriptadas? Clivadas e não integradas? Por meio da tomada da narração para si e da escuta em análise, Sara pôde formular "suas razões, seus interesses e sua determinação em fazer valer o seu desejo, mais além do que o gosto por afrontar os pais e as regras da igreja".

Também foi na possibilidade de serem escutados que os pais puderam desdobrar o apelo e trazer, para a narração, a livre associação, o momento da morte da irmã mais velha de Sara por um aneurisma aos 14 anos, idade que Sara está para atingir. Vem à tona a culpabilidade dos pais em relação à morte da filha, todo um árduo trabalho de luto. A ficcionalização apresentada nos conta que, por meio da desconstrução do imaginário, do desdobramento da narração, da escuta do inconsciente, os pais puderam encontrar mobilidade e jogo para que a separação da filha Sara pudesse se dar no contexto de toda adolescência. Dessa forma, tal separação não se transformaria numa perda irreparável, numa espécie de segunda morte com a exclusão da filha de suas vidas, como propunham os preceitos religiosos, para aqueles vistos como habitados pelo "demônio" e que incrementavam a angústia dos pais devido ao difícil trabalho de luto da filha mais velha.

A escuta dos pais mostrou-nos que uma rigidez, um possível fanatismo do pai, uma adesão cega à religião, foram desmontados e uma diferenciação entre Sara e a irmã pôde ser feita, o que possibilitou um rearranjo familiar mais vital e uma outra relação com a religião que frequentavam e com o mundo.

O relato clínico apresentado mostra-nos um duplo atravessamento da ponte[5] entre os dois mundos, da periferia em direção ao centro, do centro em direção à periferia, e, assim, enfrenta um dos desafios colocados para a psicanálise hoje, que é oferecer

5 Remeto o leitor ao texto de A. Cortes, "Reflexões sobre o rompimento do pacto social e a expansão evangélica: das periferias ao cenário político nacional", no prelo.

acesso e instrumentos de escuta, sem cair nas polarizações fanáticas, na história única. A democracia é imprescindível à psicanálise e ao seu trabalho com a circulação das palavras e dos afetos.

Referências bibliográficas

Adichie, C. N. (2019). *O perigo de uma história única*. Companhia das Letras.

Bion, W. (2019). Capacidade negativa (Negative capability). In A. Chuster et al., *Capacidade negativa: Um caminho em busca da luz* (pp. 131-133). Zagodini.

Birman, J. (2019). *Cartografias do avesso: Escrita, ficção e estéticas de subjetivação em psicanálise*. Civilização Brasileira.

Cortes, A. *Reflexões sobre o rompimento do pacto social e a expansão evangélica: Das periferias ao cenário político nacional.* Texto no prelo.

Dumézil, C. Les raisons d'um séminaire. (2012). In C. Dumézil & B. Bremond, *L'invention du psychanalyste: Le trait du cas* (pp. 41-58). Point Hors Ligne, Éditions érès.

Fédida, P. (1999). Morphologie du cas dans la psychanalyse: Questions ouvertes. In P. Fédida & F. Villa, *Le cas en controverse*. PUF.

Freud, E. L., Meng, H. (Orgs.). (2009). *Cartas entre Freud & Pfister (1909-1939): Um diálogo entre a psicanálise e a fé cristã*. Ultimato.

Freud, S. (2019). *A interpretação dos sonhos*. Companhia das Letras. (Trabalho original publicado em 1899).

Lorenzo, R. de. (2000) Narrar a clínica. *Percurso, 25*(2).

Oury, J. (nov. 2009). Síndromes patoplásticas, instituição e estabelecimento: As diversas formas de alienação. *Boletim Online do Departamento de Psicanálise do Instituto Sedes Sapientiae.*

Oz, A. (2016). *Como curar um fanático: Israel e Palestina: Entre o certo e o certo*. Companhia das Letras.

Pontalis, J.-B. (1991a). A atração do sonho. In *A força de atração*. Jorge Zahar.

Pontalis, J.-B. (1991b) A inquietação das palavras. In *A força de atração*, Rio de Janeiro (p. 133). Jorge Zahar.

Roussillon, R. (2019). *Manual da prática clínica em psicologia e psicopatologia*. Blucher.

Wondracek, K., & Junge, D. (Orgs.). (2009). *Cartas entre Freud & Pfister (1909-1939): Um diálogo entre a psicanálise e a fé cristã* (p. 25). Ultimato.

Comentário de Tales Ab'Saber

Entre Abraão, Jó e Freud: uma garota

O trabalho clínico da psicanálise com uma pessoa diz respeito apenas à sua própria vida? A presença social do outro no psiquismo formado humano – e até mesmo nos falhados, não constituídos e psicóticos, diria Winnicott – é somente referência, estrutural e libidinal, de suas funções de sentido? Ou é espaço de ligação e compromisso mútuo, de produção que pode ser sincrônica, desde sempre? Existe experiência humana absolutamente vazia de algum outro, mesmo aquela alucinada e fragmentária que se constitui na sua ausência? Existe mesmo a ideia *de uma clínica individual em psicanálise*, ou neste espaço que negocia e descobre o inconsciente, produzido entre o paciente e o analista, sempre se encontram mais de um e muitos? Quando Freud, em 1896, instigado por críticas de um amigo a seu trabalho original de psicanalista com uma paciente, teve a intuição clínica e realizou a primeira análise de um próprio sonho, percebendo suas facetas de desejo e conflitos com colegas, amigos, pacientes, mulheres, esposa e com a própria cultura científica positiva de seu tempo, ele cuidava somente de si? Ou estava convidando todos aqueles representados no sonho, a começar pela paciente, e todos os demais homens modernos, gente como nós, para aquele espaço descoberto inventado a partir de experiência e identificação com ele, a psicanálise? De identificação com *o espaço sonho do trabalho de sua transformação*? Do trabalho clínico do sonho de sua transformação, diante de outros, que também eram ele? Passados 125 anos daquela experiência original, somos uma verdadeira população de homens modernos que, espelhando o próprio espaço das multiplicidades latentes da vida de Freud naquele conjunto de sonhos do início do século XX, aprendemos um pouco a sermos tocados por nossos múltiplos outros. Assim como também aprendemos a ganhar, em alguma medida, consciência, diante deles, de nossas insistências, repetições, violências pressupostas como desejo, medos primitivos e até potências de criação. Essa trama, em que sem outro nada somos, se projeta, de um modo, de outro, ou ainda outro, em nossas relações com aqueles que nos cercam e com aqueles que, por esse mundo mesmo de motivos, nos são importantes.

Este é um trabalho clínico coletivo, que parte de um espaço institucional e que deixa muito clara a pluralidade coletiva de efeitos possíveis de uma análise. Análise em espelho entre o grupo de jovens estudantes de psicologia, sua supervisora e seu lugar de valor no mundo, a faculdade de psicologia e a instituição da universidade e da ciência, e uma jovem adolescente. Assim como ela própria, também seu grupo familiar, sua mãe, seu pai, *sua irmã morta* e, com grande presença, seu lugar ideológico religioso de pertença no mundo, mais dos pais do que da garota, sua própria instituição de referência na vida da cultura. Podemos observar como *o lugar vazio e produtivo da clínica psicanalítica*, sempre em tentativa de constituição – o continente produtivo do entendimento do sonho freudiano seria a sua primeira definição –, causa efeitos verdadeiros em todos os presentes e nas instâncias envolvidas na história. Espécie de estrada da alma no tempo, de *encruzilhada*, de várias vias e múltiplos sujeitos – metáfora dos nós de passagens das múltiplas fantasias oníricas no sonho do indivíduo e seus imbricamentos que hoje sabemos coletivos. Encruzilhada cujo centro busca ser *vazio de poder*, em que uma análise permite sempre que mais de um, a começar mesmo por analista e paciente, *tomem ainda um outro caminho*, de mundo não previsto no mapa consciente de desejos e compromissos vitais que cada uma trilha, os *territórios da neurose*.

Nesse "caso" muito bonito e esclarecedor, podemos observar como, a partir das referências teóricas envolvidas no trabalho, que é convite à aproximação do *lugar da psicanálise* na vida humana, todos os envolvidos experimentaram uma surpresa, um elemento desconhecido de vida de valor novo. De tal maneira, a garota rebelde passou a existir, sem maiores riscos, a partir de sua legitimação indireta *na análise*, com sua diferença e singularidade, sua potência de outra vida, outra geração, para seu pai e sua mãe, cujo apego religioso era forte e tendia a ser totalitário. Da mesma forma, o pai da moça se enriqueceu ao abrir as portas da percepção para a experiência de que há mais mundos de amor e de sentido na vida do que os códigos estritos, escritos, fundamentalistas, de sua fé e comunidade de identificação – o que não é pouco, sabemos bem hoje... E a mãe da garota teve a sua aguda inteligência amorosa, em nome da filha, *das filhas* – inteligência especial para as contradições humanas que se deslocara *na direção da psicanálise* –, e sua dúvida sobre a resposta religiosa simples e autoritária do próprio grupo cultural, com sua real violência não criticada, "respondida" desde um outro lugar de identificação e sentidos humanos. Para ela, esse lugar foi o da ciência, da universidade, mas, de fato, o da psicanálise no mundo. Enquanto, do lado do *grupo analista* – essa noção contemporânea que tenho pesquisado –, as identificações e tendências diretas a responder ao enigma da jovem com as certezas da própria cultura liberal dos jovens estudantes levavam ao desejo de confirmar à força o direito da moça de ser diferente de seus pais, e confrontava-os, como uma espécie de psicologia de militância cultural, própria da época. Havia um autoritarismo mínimo, mas inconsciente dos próprios fundamentos, que se deslocou também para o lugar *da circulação dos sentidos, múltiplos*, do outro, ou, no caso, *dos outros*. E eles observaram então *o lugar vazio, mas vivo de presença humana*, de sentidos em movimento da análise, que de fato permite, virtualmente, um *verdadeiro reconhecimento no sentido da diferença*. Orientados pelo espírito de liberdade e de indagação suave relativo às coisas da supervisora, com sua carga teórica própria, *identificados com esse trabalho do sonho em uma análise*, eles descobriram que a vida não é uma resposta prévia ao sentido do seu enigma, sempre presente. Puderam se livrar por um segundo no tempo das próprias certezas comuns, cuja função psíquica era de algum modo fixada, fé egoica, um pouco como o mapa e o território intenso na vida da religião do pai e da mãe da moça, embora, em aparência, fé fixada mais moderna.

Assim, temos um rico relato de como o trabalho analítico transforma a neurose tanto quanto altera os quadros ideológicos de fundo e de apego de todos os envolvidos, do grupo familiar e seu sintoma, e do grupo analista e seus saberes fora de análise. Freud observou em seus sonhos de conflitos históricos vienenses, e em seus sonhos de mitologia pessoal romanos, o efeito da dissolução da repetição desejante infantil. Esta é pressuposta nos sintomas, que são pensados em sua razão metapsicológica pelo primeiro analista, mas são também efeitos políticos das coisas humanas, em sentido estrito e em sentido lato. Como Freud observou em seus sonhos de conflitos históricos vienenses, e em seus sonhos de mitologia pessoal romanos, o efeito da dissolução da repetição desejante infantil, pressuposta nos sintomas, pensados em sua razão metapsicológica pelo primeiro analista, são também efeitos *políticos* das coisas humanas, em sentido estrito e em sentido lato. Além de ser pensada com a metáfora da cientificidade do tempo original, de sua formação primeira, referida então ao corpo individual – a chamada metapsicologia –, a psicanálise é também *metapolítica*. É o que este caso clínico nos revela com o seu próprio desenvolvimento.

Gostaria de dizer mais algumas palavras sobre a função da mãe, política, civilizatória, psicanalítica, na história e na vida daquela menina, garota, e de todos os envolvidos naquela vida da clínica. Pressionada entre a vida nova da filha – suas reais *potências de outras formas* –, o controle e a garantia do vínculo patriarcal religioso, e a própria história trágica da morte de uma filha, sem sentido nem por quê, como dizia Dostoiévski, que certamente inquiriu a ideia protetora de um Deus. Assim, aquela mulher "resolveu" tal imensidão de impasses em sua vida apostando na existência *de algo outro*, que não a certeza do marido ou da comunidade, que poderia trabalhar, sonhar e dar algum destino possível para tudo aquilo. A própria vida, como possibilidade, e a força do amor, buscando algo para ser. A contrapartida daquela angústia quase esmagada pelo terror da própria existência, luto inevitável, era a existência necessária de algo, *universidade*, *ciência*, e mais amplamente, sem o saber, a *psicanálise*, que responde sem responder às potências enigmáticas de uma vida. *O oráculo não fala, nem cala...* Se a menina quer viver sua diferença adolescente histórica, laica e desejante, em relação ao sistema cultural de valores, fés e controles – a forma cultural encarnada da repressão relativa contemporânea – da comunidade dos pais e da sua religião, a mãe também preserva, como resultado das forças dolorosas da própria vida, o valor *do desconhecido, da confiança* e *do amor*. Ela o faz em uma outra ordem de transferência, criação, com outra cultura, a da clínica e da psicanálise. Espaço fundamental e trabalhado de reconhecimento, bem ao contrário de uma *guerra cultural*. Algo acontece aqui de forma homóloga ao que se deu com as ditas histéricas do século XIX centro-europeu, contrafeitas e forçadamente alienadas – também por poder constituído – em suas potências de desejo e de inteligência. Elas demandaram e participaram, com a própria linguagem de seus sintomas, da criação da psicanálise, em comum com os médicos laicos e científicos da época. Essa garota é o sintoma de uma necessidade de autonomia, erotismo e potência cultural do gesto, que o seu próprio mundo não reconhece, mas ela o faz assim mesmo; e aquela mãe é sensibilidade sobre a angústia, em confiança de que a psicanálise existe para isso mesmo, ainda mais viva do que o amor congelado em certezas da religião do pai.

Quase esmagada pelo luto, pelo absurdo, pelas garantias paralisantes da ideologia da fé, da religião e do seu compromisso político tradicional com a repressão, aquela mãe pressupôs, no limite agônico de perder outra filha, intuiu e criou a psicanálise para todos os envolvidos no caso, como civilização outra possível. Como Anna O. também inventou Breuer, que aprendeu a clínica com ela, aquela menina e aquela mãe se dispuseram a inventar a psicanálise que as "curou", à medida que abriu uma outra ordem de experiência e leitura da vida e da existência, mais ampla e plural, sem negar o luto, a dor e o absurdo. E menos religiosa. Então, podemos ver, o desejo de clínica e sua transferência primordial é desejo de questionamento civilizatório, em um gesto. Temos uma revolta dos jovens e das mulheres por psicanálise, contraestruturas patriarcais e de poder de muito longa duração. O caso é bom para demonstrar essa dimensão de *politicidade* da psicanálise, ainda um outro nível de política na vida humana, um tanto marcusiana. Como disse um dia um filósofo político radical, que conhecia bem a psicanálise de Freud, "a psicanálise: o último monumento da autocrítica burguesa" é também, como vemos quando ela acontece, "o primeiro ato civilizatório da autocrítica de sujeitos da sociedade de massa e da ideologia" no mundo de hoje.

O pai pode ser identificado com Abraão, disposto a sacrificar a filha sem medir consequências à sua própria visão narcísica do poder, em que Deus, confundido com o próprio lugar do homem no mundo, tudo sabe, tudo pode e nunca erra, mesmo quando destrói a vida do outro e de quem ama. Já a mãe, em disposição negativa, assemelha-se a Jó, *perguntando* a Deus por que tanta dor e sofrimento no mundo do eterno luto humano. Por fim, a menina responde a tudo aquilo *com o lugar da análise no mundo*, com o desejo de existir por si própria, e segue a vida da *comédia inconsciente humana*. Assim, seu passado que não passa, seu presente espantoso e sua esperança de que, no negativo que é apenas amor, exprimem o desejo de que os diferentes se reconheçam em algum lugar, sem se negarem, nem anularem mutuamente as próprias existências.

Debates clínicos 17: caso Dario[1]

Marilsa Tafarel (Apresentadora)

Noemi Moritz Kon (Comentadora)

Apresentação de Marilsa Tafarel

Notas iniciais: tratarei neste relato clínico de um analisando com pouco mais 30 anos que vive em outra cidade com os pais. A análise começa logo após sua mudança para essa cidade. Antes disso, tivemos algumas entrevistas que foram por ele interrompidas. Suas três sessões semanais se dão por meio de uma plataforma da internet.

Dario faz uso de medicamentos receitados por um psiquiatra.

A entrada de Dario neste mundo não se deu nas melhores condições: sofreu por excesso e por falta. É o que posso entender a partir do que ele me conta sobre a família paterna, a família materna e sobre seus pais. Eles deixaram marcas que determinam seu presente, ou melhor, figuram sua precária estrutura psíquica, e a partir deles dirige-se a busca do sentido, da causa de seu padecimento. Reúno o que foi surgindo em sessões ao longo desses dois

1 Publicado na revista *Percurso* n. 68, junho de 2022.

anos de análise – cenas, frases, também lembranças pessoais privilegiadas. Um passado que faz sombra para o presente e sobre o futuro. O relato visa a evidenciar as causas de seu padecimento, cujo início se perde na infância remota.

Uma avó materna muito exigente e intrusiva, bem-sucedida no reinado doméstico. Um pai ansioso, demasiadamente centrado em suas preocupações com o desempenho, constantemente com a cabeça em outro lugar, mesmo quando procura se aproximar, e que vaga pela casa num "*spin* solitário", como diz Dario.

Quanto à mãe: ouço o relato de longas conversas que soam intelectualizadas e parecem se passar na superfície aparentemente calma de um lago turbulento. Dario, quando não está abduzido pelo seu próprio discurso melancólico, reproduz comigo esse estilo de conversação "de salão culto".

Uma lembrança de infância

Dario já teria uns 8 anos – um carro estaciona em frente à escola na rua tranquila da cidade do interior onde vive. Uma pessoa desce e entrega a ele um livrinho com gravuras. "Um presente, você é muito lindo."

Dario conta que ficou imóvel e perturbado. Elogios sempre o perturbam. A mãe incapaz de aconchego e o pai ausente, mesmo quando presente, certamente instalaram nele o que se poderia chamar um "vazio de infância", utilizando a expressão de Daniel Munduruku que me ocorreu ao ouvir suas lembranças. Em um dos capítulos de seu livro *A milenar arte de educar dos povos indígenas*, Munduruku (2019) escreve:

> *A criança indígena é, então, provocada para ser radicalmente criança. Não se pergunta nunca a ela o que pretende ser quando crescer. Ela sabe que nada será se não viver plenamente seu ser infantil. Nada será porque já é. Não precisará crescer para ser alguém. Para ela é apresentado o desafio de viver plenamente seu ser infantil para que depois, quando estiver vivendo outra fase da vida, não se sinta vazia de infância.* (p. 81)

Dario, quando a família vinha para a capital, nunca escolheu um brinquedo na grande loja de brinquedos, onde entrava cauteloso, com os bracinhos cruzados. "Minhas tias sempre comentavam isso."

Conta que na adolescência, quando começa a entrar no mundo maior, a dificuldade de expressar o desejo se acentua. Um convite feito a um colega para dormir na fazenda dos pais ou o contrário, coisas simples, coisas corriqueiras, eram fonte de tormentos, de um pânico que se estendia por horas.

Defendeu-se, desde muito cedo, da comprovação de uma brutal rejeição escondida pelo que via como benevolência. Dario tinha uma certeza, a certeza de não poder ser e de não poder ter. Ele não conseguirá, ao longo de sua vida, fazer demandas. O desejo se esconde.

Sabe-se que a melancolia é uma doença do ser e do ter. "Não tenho nada a perder" é uma frase de Dario que ouço algumas vezes.

A família paterna era grande e receptiva, sobretudo as tias, solteiras e dedicadas. "Para elas, qualquer erro meu seria desculpado. Se eu dissesse que fiz um sequestro, elas não criticariam." Asseguravam que compreenderiam qualquer atitude sua.

A eficácia do amor terá sido temporã?

Dario insiste que também os pais o "acolheram demais". Nunca o repreenderam, mesmo num período de sua vida em que se endividou. A aceitação, depois do primeiro alívio, era sentida como uma forma de não reconhecimento. Uma medida prática para que tudo voltasse ao normal rapidamente. Dario não pode aceitar um investimento que duvida ser autêntico. No entanto, qualquer crítica, se aparecesse, o abalaria.

Durante um bom tempo, resolveu seguir o caminho do pai. Com isso haveria uma aprovação inegável. O pai em versão perfeita. Excelentes notas, bom comportamento, primeiros lugares. A insegurança na escola com os olhares atravessados para seu gosto, talvez um tanto fora dos padrões, o pânico na hora de revelar para os pais uma decisão que denunciava um desejo, ficavam compensados pelo que seria no futuro.

A entrada na universidade de renome em um curso ambicionado por muitos, com aprovação superior à de seu pai, aproximou Dario de seu projeto: tornar-se um grande neurocirurgião e, quem sabe, sair da identificação com um pai falho.

Ele deixa a cidadezinha próxima à fazenda dos pais e passa a morar sozinho, perto da universidade. Junto a essa aparente e desejada liberdade, chega o amor com seu inevitável séquito: insegurança radical quanto à sua aparência e à sua performance, ciúme, rejeição, separação. Tudo o que evitou anteriormente. Dario conta que ficou anos aderido ao entorno da pessoa que o rejeitou. "Sempre fui o deixado, nunca deixei alguém."

Instala-se então o desmoronamento narcísico, o desmonte desse herói assujeitado ao que supõe torná-lo aceito.[2] Dario começa

2 O tema do herói aparece em um sonho que marca o início da análise.

a escorregar, cair, tropeçar, se humilhar, implorar um olhar. A certeza do desamor, que fora uma realidade compensada pelo sucesso escolar, e que o guiara até então, dá lugar a uma busca desesperada que o leva à depressão e a uma tentativa de suicídio.

Entrar na melhor universidade, a de sua escolha, foi uma vitória e Dario a saboreou. Várias vezes, destaca para mim essa conquista como verdadeiramente sua. Paralelamente ao desastre na vida amorosa, o curso o decepciona – e ele se decepciona consigo mesmo. Não tem boas notas, tem mais ausências que presenças, muitas reprovações. Desiste já quase formado e acede a uma verdade: "Vi que não era meu desejo mesmo. Cheguei à conclusão de que nunca foi de fato o que eu queria". Essa constatação entra no ciclo da cultura de "sua verdade", do qual não sai mais. "Não estou à altura do que planejei para minha vida. Tenho ainda em mim o olhar do adolescente, a convicção de que tudo daria certo na minha vida."

Em seu tempo de acédia,[3] que se prolonga por dois anos, tendo desistido do curso e ainda morando longe dos pais, bebeu demais, esbanjou dinheiro que não lhe pertencia, mentiu. Entregou-se à lassidão.

Cinco anos atrás quis reverter esse estado e me procurou pela primeira vez. Poucas entrevistas se sucederam, é numa delas que me fala da irrestrita aceitação que tinha por parte da família do pai.

Desapareceu depois de uma conversa em que confessou a volta do interesse por leitura de poesia. Menciona vários livros que quer "devorar". A inércia, no entanto, venceu a parada e sufocou o desejo. Dario desapareceu sem despedidas, sem uma

---

3 Acédia ou acidia: é definida de muitas maneiras e seu uso tem uma longa história. Aqui eu a utilizo no sentido de um estado de apatia desmedida, no qual o sujeito não se importa com sua própria posição ou condição no mundo.

palavra, sem atender telefonemas. Perguntei-me então: teria ele sido movido pela dúvida sobre minha abertura para ouvir seus "crimes"? Além disso, o aparecimento do desejo voraz o teria assustado? Mais tarde confirmo que essa foi a primeira aparição da agitação psíquica, da ânsia por colar-se ao objeto que o desejar provoca em Dario.

Quando da retomada de nosso contato e início da análise, Dario teve dois sonhos. Costuma-se chamar esses sonhos de inaugurais, observação com a qual concordo, sobretudo nesse caso. No primeiro, uma mãe carrega nas mãos um objeto totalmente desmontado. A mãe como que entregava para alguém o que tinha nas mãos. No outro sonho, ele está em um espaço que lembra a Grécia antiga. Participa de uma travessia. As pessoas se assustam com uma fera e fogem. Ele continua. No final, vê que a fera era plastificada. As associações se dão com o segundo sonho. Sua admiração, na infância, pelos feitos de semideuses. Os trabalhos fantásticos de Hércules.

Digo-lhe que Hércules foi condenado a esses trabalhos. Ele ouve, concorda e acrescenta, com um tom amargo, que Hércules foi vitorioso.[4]

Como escrevi acima, o primeiro sonho não suscita associações. Contudo, Dario acrescenta um dado, a meu ver, decisivo para a compreensão. Quem carregava o objeto desmontado era a mãe de seu namorado, aquele que o tinha abandonado, cujo nome é quase um anagrama de seu próprio nome. Considerando os dois sonhos, eu lembraria Melanie Klein, quando, em "Uma contribuição à psicogênese dos estados maníaco-depressivos", escreve que

---

4 Hércules ou Héracles é considerado um herói civilizador. Livra a Terra de monstros ameaçadores. Na versão de Eurípedes, é tomado pela *hybris*, porque ultrapassa seus limites. Sua demasiada grandeza o leva à loucura.

a ideia de perfeição é tão importante porque ela opõe-se à desintegração. A idealização seria uma tentativa fundamental, para a autora, nas depressões dos quadros maníaco-depressivos, para o trabalho de juntar os pedaços do objeto amado, um objeto considerado perfeito (Lambotte, 1997).[5] Temos nos sonhos um recipiente com fragmentos de algum objeto e no outro uma figura idealizada. Temos o importante detalhe de o herói vencer um mostro plastificado, que figura, a meu ver, um eu ideal falho.

Os primeiros tempos da análise são totalmente ocupados pela memória dolorosa e humilhante de sua busca infrutífera, sente desprezo por si mesmo. Tem a clareza da falta de sentido da sua vida.

E é a "sua verdade" sem retoques que ouço sessões e sessões. Um discurso do qual a vida está extraída. O esmero formal nas frases se repete incessantemente: incapacidade, insuficiência, erros cometidos. Frases bem-feitas que transmitem um vazio difícil de suportar. Um discurso que o coloca como quem já sabe de seus problemas, de seu padrão de comportamento, e coloca a mim, sua analista, como ouvinte. Não uma mera ouvinte, mas uma "tia" que, talvez, o aceite sem restrições. Mesmo quando o negativismo não está presente o discurso soa sem vida.

Às vezes interrompo o fruir da "lucidez", a satisfação no auto desnudamento, com alguma pergunta, alguma observação. Diferir o curso do seu discurso. Trazer as coisas para as palavras: *essa figura estampada na camiseta que está usando será sua cachorra?* Por um tempo temos Dario em presença, fala com interesse genuíno no animal. Logo volta o discurso melancólico que satura o ar.

A retomada de outra graduação em artes visuais liga-se ao que lhe restou de mínima satisfação, mas ele a tem como uma fachada

---

5 Encontrei, em Marie-Claude Lambotte, esta indicação que me remeteu à releitura do texto de M. Klein.

necessária para não voltar ao tempo da acédia, quando mergulhou de corpo inteiro no vazio, na ausência de qualquer resquício de atividade e no descomedimento. Para não voltar a esse estado, tem agora seus truques. O principal consiste em manter a rede de dormir que comprou na Bahia enrolada para não ser atraído por ela. Depois vem a organização do quarto e o cuidado com as plantas. Esses foram seu sustentáculo nos primeiros tempos de retorno ao convívio com os pais e nos primeiros tempos da análise. Um esforço tocante, um investimento que lhe dava retorno: os brotos que despontavam, as folhinhas novas que apareciam. Buscava assim, a meu ver, uma ruptura com a atração pelo nada.

O discurso melancólico abre pequenas brechas através das quais entra o relato desse esforço. Ocupa-se também da casa, montando objetos, o que poderia ser auspicioso não fossem objetos para a mãe. Sua destreza faz um contraste com a do pai, sempre descrito como ausente e atrapalhado.

Dario ocupa-se também com a cadela adotada. Essa cadela ficou os três primeiros meses após a adoção sem emitir nenhum latido. Com o primeiro esboço de emissão de voz, foi assumindo espontaneamente a função de guardiã da casa.

"Ela está conseguindo reescrever a sua história anterior?", pergunto a Dario. Dario responde: "Se alguém tocar em certos pontos do seu corpo, ela ataca. Marcas dos maus-tratos". A resposta de Dario não deixa de me provocar admiração pela clareza e pela lucidez que a melancolia traz para os sujeitos atingidos por ela.

Depois de alguns meses, recebe a visita de uma amiga dos velhos tempos. Dario treme. Ela o colocará no lugar do desamado? Sim, com certeza. Não quer vê-la.

Mas ela chega. Quer caminhar; comer pratos locais, ver o rio junto com ele.

Suas expectativas não se cumpriram. A amiga não fala do passado, como ele temia. Ela o acha bem; ambos estão bem. "Veio só para me ver!", diz. O olhar de Dario terá visto um olhar de reconhecimento?

Aponto que suas fantasias de humilhação não se realizaram.

"Sempre fico nesse pânico antes de encontrar alguém. Imagino o pior, tenho medo de enfartar, de morrer."

Depois da visita da amiga, Dario sente-se um pouco animado e quer revisitar os lugares por onde andaram. Quer sair à noite. Mas pensa "lucidamente" que, ao encontrar alguém, terá de se defrontar com perguntas sobre sua vida. Já devia ter se graduado, já devia estar trabalhando. Vive às custas de seus pais e tem mais de 30 anos. Nunca recuperará o atraso de vida.

"Posso mentir se me perguntarem o que faço, mas então eu não estaria sendo eu. Posso desconversar ou dar explicações atenuantes e então me sentir covarde. Minha verdade é o que tenho, e ela é insuportável."

"Você tem suas verdades e também suas fantasias", digo-lhe.

"É sempre assim, nunca vou recuperar o tempo perdido", arremata com uma observação que tem sabor factual.

Aos poucos, começa uma fase de recuperação de suas postergações. Seus trabalhos são aceitos, apesar dos atrasos, e a morosidade em que havia tropeçado desaparece por um tempo.

Depois da visita da amiga, encontrou colegas dos quais fugia, que são, como ele, estrangeiros nessa cidade. Calorosos, o convidam para sair, para comer, para estudar. Sem perguntas, sem inquirições.

Quando aceita o primeiro convite, ele está leve e com olhar alegre.

Lembro a Dario de uma situação que me contara. Fazia uma espécie de intercâmbio, quando adolescente. Sentiu-se muito bem por estar entre adolescentes também estrangeiros. Ele havia dito então: "gosto de ser mais um na multidão".

Agora, quando lhe relembro esse episódio, Dario diz: "Quero ser só mais um e também não quero ser só mais um".

Conta-me, então, que dias atrás, voltando para casa após ter um encontro amoroso, sua cabeça foi tomada por cenários em que se via morando na casa dessa pessoa que mal conhece. "Me imaginei fora da casa dos meus pais. Resolvendo todos os problemas que me travam a vida."

Nesse período, aparece a possibilidade de uma entrevista para trabalhar em um estúdio fotográfico, entrevista individual como queria. Entra em pânico. Não vai aguentar um não. O mundo irá aparecer como muito ruim ou ele como não suficiente.

"Melhor não ir. Assim pelo menos o desejo continua existindo."

Faço apenas uma observação: ofereceram uma entrevista como e onde você queria. Suas fantasias podem estar em ação.

Dario lembra de uma situação bem anterior, na qual se saiu mal nos grupos de apresentação, mas foi aprovado pelo desempenho na entrevista individual. Como sempre acontece, conclui amargamente que lhe favoreceram.

Na sessão seguinte está animado e assustado.

"Eu estou fazendo cenários. Me vejo no estúdio, um espaço do qual gostei muito. Minha cabeça viaja. Tento dominar e quando vejo ela já foi. Perco muito de mim na idealização, como se algo ficasse ali nos cenários."

A mãe viaja a trabalho logo após essa sessão. Dario conta como, na ausência dela, está sendo tomado em vários momentos pelos "quadros/cenários" que emergem: se vê saindo à noite, tendo encontros. Fala de um modo um tanto evasivo. Ainda não tem segurança de que pode ser ouvido sem recriminações. O que me chama a atenção sobre os quadros/cenários é a realização neles de um apoderamento do objeto que remete ao "devorar" livros e a um sonho muito breve, o terceiro sonho desta análise. Trata-se de uma única cena que se passa num corredor. Nela estão ele e o colega por quem se apaixonou tão perdidamente. Ele está ao telefone e o outro está se queixando: jamais Dario reserva um espaço para o encontro dos dois. Não há em Dario lugar para os dois.

Parece oportuno relatar nesse momento o quarto sonho, o mais recente. Dario está em um lugar um tanto escuro. Ali estão várias pessoas, entre elas sua mãe. Ela se retira, vai embora. Dario tenta desconectar o carregador do telefone da tomada e não consegue. Na pressa, arranca a tomada e sai correndo em direção à mãe. Uma criança o recrimina. As associações se dão com a angústia que sentia quando a mãe se atrasava para buscá-lo em algum lugar. A criança que reclama do gesto violento de Dario não dá lugar a nenhuma associação. O que posso compreender desse sonho? Dario não suporta a frustração causada pelo afastamento deliberado do Outro. A mãe é uma garantia. Ele se defende da castração sendo o complemento da mãe, mas um complemento plastificado, como a fera do sonho.

Passo agora a um trecho de uma sessão mais recente, "o que vou falar não sei se é um desdobramento do que falamos na sessão anterior".

Dario então descreve o trabalho que devia fazer para uma professora da sua atual graduação em artes.

"Tenho toda a liberdade para criar, sei o que quero fazer, mas não sinto que consiga, não sei se faço bem-feito. Fiz o ensaio na última hora, sob pressão do tempo. Na aula seguinte teríamos uma conversa presencial sobre os trabalhos. Não seria uma avaliação com notas. Nada disso. Fiquei inseguro e não compareci."

Ele insiste na benevolência da professora e na simpática classe, assim como no pânico de ser avaliado. Vai à aula que se segue à sua falta e tem a surpresa de entrar na classe com seu trabalho em foco. Suas mãos estão tremendo depois que aceita falar. A professora o elogia e tem sugestões sobre alguns pontos. Dario, para sua própria surpresa, pede para sentar-se na primeira fileira. Quer acompanhar melhor.

"Penso que não tenho nada a perder."

Digo que essa ideia parecia fundamental para ele: nada a perder.

"Essa ideia me move, extrai o meu melhor. Tirei nota máxima, mesmo assim foi difícil. Se meu trabalho fosse criticado, ouvir do outro o que eu já sabia iria me esmagar."

"E nessa situação?"

"Teve um momento que foi muito legal, depois só um alívio. Não registro a conquista. Fico na incredulidade."

"É preciso cuidar desse momento muito legal."

"Sim, claro. Já disse para você que quero ser só mais um na multidão e também não quero ser só mais um. Quando levantei, tive uma satisfação. Ela existe, mas só no meu universo íntimo. Assim me dá base. Se saísse para fora viraria pó. Ninguém iria achar que tem importância. Não quero nada que me frustre. A frustração é um lugar sem saída. Eu não aguentaria. Já parei minha vida por vários anos."

Estamos no que se pode considerar o início de uma análise com um analisando melancólico: a melancolia marcada pelo discurso negativista que dá contorno ao vazio e se alterna com o perigo de queda no puro vazio. O perigo do descomedimento que começa a aparecer nos quadros/cenários. Criações imagéticas que começam a ganhar espaço na análise.

A articulação da fala que busca uma lógica e o seu caráter desafetado são típicos da melancolia. Configuram uma espécie de contra-auto-idealização, que é mantida pelas suas instâncias ideais e superegoicas avassaladoras. Precisa da presença física dos pais, sobretudo da mãe, para se proteger do desejo impaciente, voraz. O apelo da realização instantânea. Precisa da mãe para não cair na inércia, para ter com ela longas conversas pseudointelectualizadas que sustentam e limitam seu vazio. O que tenta reproduzir nas sessões comigo.

Estamos também diante de um esboço, de um ensaio de valorização pessoal que pode escalonar, mas que ele tenta administrar.

É difícil experimentar por meio dele, na transferência, o vazio do discurso, o temor da inércia mortal e mais recentemente o temor em relação às consequências da turbulência do desejo que emerge e não quer saber da separação, não quer falta. Excesso que a análise precisa permitir que seja nomeado, se ele puder ceder um espaço maior para mim e permitir à criança nele descruzar os bracinhos.

A presença viva da criança em seu "*spin* solitário", a criança que não houve, me ajuda a ficar no espaço exíguo, tendente ao zero, que ele destina ao objeto. Ensaiando alguma mobilidade sem ser tomada pelo *furor curandis.*

No primeiro sonho relatado, temos a mãe querendo entregar o objeto desmantelado para a analista cuidar. Cuidar como? Talvez a resposta a essa pergunta esteja no segundo sonho. Uma espécie de sinalização da "montagem" que foi feita em curto-circuito, instalando um eu excessivamente frágil, um ideal do eu inatingível – o herói grego –, opressivo, e um superego feroz, arcaico, sempre contrastando seu desempenho com o ideal. À falta do olhar e da troca libidinizadora com a mãe, que podemos supor em seus primeiros tempos de vida, há em Dario uma constante ameaça da fragmentação autoerótica.

Será possível construir com ele algum contorno das excitações, contorno que lhe faltou nos primeiros tempos de vida? Um espaço mínimo de recuo e de espera diante do desejo que não seja aquele que o fez um menino diminuído que guardava para si sua ânsia?

Referência

Lambotte, M. C. (1997). *O discurso melancólico*. Companhia de Freud.

Comentário de Noemi Moritz Kon

Fiat lux

Desde bem nova fui tomada por uma curiosidade inquieta sobre o surgimento da vida; uma curiosidade como a que movimenta o cientista natural, uma curiosidade reconhecível naquela expressão perplexa, de alegria e de espanto, que surge na brincadeira do "Cadê? Achou!", com a qual nós bebês nos divertimos tanto. Eu me surpreendia ainda uma vez mais com o aparecimento e o desaparecimento das coisas, me encantava com seus mecanismos internos,[6]

6 Lembrei-me de um brinquedo com o qual me divertia muito em criança, uma lousinha mágica, Etch-a-sketch em seu nome original. Buscava compreender o funcionamento de seu mecanismo interno, mecanismo que permitia que

com o nascimento, o desenvolvimento e a morte das plantas e dos animais, e me interessava profundamente pelas histórias que me contavam sobre o funcionamento do mundo, sobre o funcionamento dos humanos em sua diversidade e em sua finitude. Certamente uma curiosidade nada incomum, e que falava também do temor que sentia diante da minha morte, uma tentativa de, talvez, evitá-la, uma curiosidade que me permitiria, quem sabe, criar também algum consolo quando imaginava que, se o que vive morre, deveria ser também verdadeiro que aquilo que morre pode, uma vez mais, viver.

De todo modo, o mistério maior parecia ser mesmo o da origem, o da origem da própria vida e de sua finitude.

Fiat lux. Que se faça a luz.

Foi também lá atrás, ainda no ensino médio, que ouvi pela primeira vez sobre a "teoria do caldo primordial"[7] de moléculas orgânicas, uma sugestiva e saborosa sopa de aminoácidos aquecida por descargas elétricas, da qual a vida teria surgido. Nos debates também acalorados em classe, buscávamos compreender algo da magia que possibilitaria que do material inorgânico surgisse o

---

a superfície prateada da lousa recebesse inscrições, desde seu interior, pelo acionamento simultâneo de dois botões que movimentavam um cursor que deixava marcas na superfície da tela. Esse brinquedo que me despertava tanta curiosidade me lembra muito o objeto descrito em "Uma nota sobre um 'bloco mágico'" (1925[1924]), um dispositivo que Freud compara à sua concepção do aparelho psíquico em sua capacidade de percepção e de memória.

7 Sopa primordial é um termo criado pelo escocês John B. S. Haldane e pelo biólogo soviético Alexander Oparin em 1924. Eles propuseram uma teoria da origem da vida na Terra por meio da transformação química gradual de moléculas que contêm carbono na sopa primordial. Tenho ainda bem vívida a minha experiência quando assisti às imagens da animação *Fantasia* (1940), dos estúdios Disney, que trazia um segmento de *A sagração da primavera*, de Igor Stravinsky, apresentando a versão científica da evolução da vida na Terra, desde os primeiros seres unicelulares até os gigantescos dinossauros.

material orgânico, esta matéria-prima matriz da existência de todo ser vivo que passou a existir em nosso planeta Terra.

No movimento para a compreensão daquele mistério, era também o nosso vocabulário que ganhava novos elementos que enriqueciam nosso pensar: coacervados, procariontes, biogênese... Palavras novas e estranhíssimas, que nunca mais pude esquecer e que passaram a orbitar em minha mente. E, com isso, expandindo significativamente meu universo, ampliando as dimensões que tinha tanto do tempo como do espaço, introduzindo as ideias de origem e de processo, dando alguma forma, ainda que incipiente, à minha busca por algum entendimento para o que poderia denominar de saltos vitais e, sua contraparte, de saltos mortais.

De onde viemos, onde estamos, para onde vamos... como surge a vida, como ela se desfaz... como, quem sabe, ela se reapresenta...

Essa alegria curiosa e agitada é a mesma que encontramos em bebês e crianças pequenas que avançam suficientemente bem em seu desenvolvimento. Reconhecemos os olhares atentos, as bocas receptivas, as expressões de surpresa diante dos diferentes ruídos e cheiros, texturas e temperaturas. Percebemos o prazer e, também, a apreensão na experiência do tocar, de se tocar e de ser tocado pelo outro e pelo mundo. Isso se dá, também, no momento da experiência ativa da movimentação de mãos, de pés, de todo um corpo que vai ao encontro ou se evade quando pode, daquilo que o estimula, numa pesquisa atenta que busca a decifração e a construção de seu estar no mundo, de seu estar vivo.

Que imenso trabalho – também um salto mágico – a passagem não mais do inorgânico para o orgânico, não mais da matéria inorgânica para os coacervados, não mais destes para os seres vivos multicelulares, mas, agora, um salto, uma transformação do puro estímulo sensorial para o simbólico, do barulho, digamos, para a palavra! Como se daria a mágica que nos permite (quando temos sucesso) transformar a profusão ruidosa de estímulos sensoriais em significação, em comunicação linguageira? Comunicação que carrega sentido e significação, que se propaga e faz sentido também para o outro, que nos transporta para mais além da imediatez da experiência, ampliando nossos horizontes de tempo e espaço. E o faz pela memória, pela fantasia, pela palavra, nos desdobrando em oportunidades em que nos jogamos no futuro, numa disposição para criação de projetos no mundo e com o outro.

Muitas vezes me peguei num exercício em que tento imaginar como teria sido a minha existência antes da mágica da função simbólica ter se dado. Assim como especulo como teria sido minha experiência antes da "nova ação psíquica", na expressão consagrada de Freud em *Introdução ao narcisismo* (1914), ter se efetivado, como teria experienciado os estímulos oriundos de fora e de dentro de meu organismo ainda antes da constituição de um invólucro de mim, numa experiência periclitante de iminência de sua dissolução. E isso quando ainda vivia em porosidade e mistura com o entorno, quando ainda não havia constituído um interno e um externo de mim mesma, quando ainda não dispunha da capacidade representacional e simbólica para dar forma à minha experiência no mundo e para construir um sentido para o processo de criação de minha própria organização vital.

Só consigo imaginar essa experiência do originário como caos, e nomeio como angústia e desamparo o que possa ter experimentado, ainda que sem esses nomes, para contornar a experiência vivida.

Pois como é que aquele quase aquele, um ser ainda em potência, um organismo disperso e estraçalhado em seu desamparo, poderia traduzir, por si próprio, como prazer ou dor, a infinidade de estímulos recebida? Como fazê-lo se não for ele mesmo acolhido pela presença simbolizante de um outro tradutor – certamente não um outro qualquer – para que seu vir a ser possa se constituir num ser agora e já? Seria indispensável, vital, a presença de um outro intérprete, aquele que diz ou afiança que está frio ou quente, que se está com fome ou com sono, que se está saudável ou doente, que se está vivo ou, ainda, que nem se existe...

Mas e se nada disso acontecesse? O que seríamos se aqueles nossos primeiros humanos se ausentassem de nós, se aqueles seres que deveriam oferecer a primeira guarida, até que nossa continuidade de ser fosse sustentada por nós mesmos – quando ainda não tivéssemos consolidado nosso sentimento de si mesmos –, não se mantivessem mais ao nosso lado, não respondessem aos nossos chamados, às nossas necessidades que nem sabemos que temos? O que aconteceria conosco se não encontrássemos em nossa chegada ao mundo uma primeira morada contornante, que nos oferecesse colo, carinho, continuidade, cor, cheiro, sabor, calor, olhar, ritmo, palavras...? O que aconteceria conosco se nos faltasse um ninho no grau zero de nossa existência, um primeiro abraço e que perdurasse? O que aconteceria se não houvesse tempo suficiente para que nossa potência simbólica, corporal e linguageira, ainda só potência, pudesse ganhar forma antes ou ao mesmo tempo, de sermos despejados nesse caos de estímulos que chamam de mundo, onde somos condenados a habitar?

Seríamos capazes de nos constituir, numa espécie de auto-engendramento, apoiados no vácuo? Seríamos capazes, por nós mesmos, de fazer presente no mundo essa potência simbólica que poderia vir a ser nossa?[8]

---

8 Lembrei também, em meio a essa catarata de associações, de vários filmes que se debruçam sobre a vida, a morte e o surgimento da capacidade simbólica: *O enigma de Kaspar Hauser*, de Werner Herzog (1974), e *O garoto selvagem*, de François Truffaut (1969), *Tempo de despertar*, de Penny Marshall (1990), com Robin Williams, e roteiro do neurologista Oliver Sacks, e também do filme *O sétimo selo*, de Ingmar Bergman (1956).

Ou ainda, uma vez se configurando uma falha na recepção do pequeno bebê em sua chegada ao mundo, seria possível sanar mais à frente, e numa relação com um outro consistente, os rombos provocados por um desencontro inaugural?

São importantes questões e desafios para a clínica psicanalítica que a apresentação escolhida para esta seção *Debates clínicos* da *Revista Percurso* convoca.

Qual o alcance de um processo psicanalítico com um analisando que se apresenta como um ser que não teria sido suficientemente bem recebido ao nascer? Qual o poder e quais os instrumentos que teríamos nós, psicanalistas, para resgatar um ser que ficou, digamos, flutuando no vácuo da existência,[9] que não foi dado à luz e a quem ainda não foi oferecida a luz?

Fiat lux.

Parece ter sido esse o sentido de meu intenso exercício clínico brotado após a leitura e as releituras dessa narrativa, durante as quais minhas parcas teorias sobre as origens do universo foram sendo convocadas. Da mesma maneira, houve uma sucessão associativa de imagens visuais e sonoras[10] que pareceriam ser o resultado de minha tentativa de compreender, contornar, algo dos inícios desse psiquismo. Exprimia-se uma tentativa de trazê-lo para uma malha simbólica, imaginando se seria possível que a mágica responsável pelo "salto vital", por essa faísca de vida, por essa espécie de ressurreição, poderia se dar também num processo de análise.

---

9 Como o personagem Major Tom de *Space Oddity* (1969), música de David Bowie.

10 Daí apresentar aqui imagens tão conhecidas de artistas europeus que habitam minha mente.

Era como se buscasse construir, por meio de minhas associações, imagens que oferecessem uma companhia apaziguadora para o que pareceria ser a angústia do psicanalista de Dario, tentando fortalecer seu desejo e sua aposta na potência da dupla. Como encontrar/receber Dario para que ele enfim pudesse surgir? Como acompanhá-lo bem de perto para viabilizar o seu advento, para que fosse possível agora, passados 35 anos, a construção de uma experiência de si que se sustente, e desde dentro, e que se mantenha consistente, que não se desfaça uma vez mais na repetição daquela experiência dilacerante de abandono inicial? Como amealhar e investir energia suficiente nesse ser, nesse vínculo, para abrigá-lo e alimentá-lo, buscando reencetar um novo *big bang*, criando no processo analítico uma sustentação fecunda, uterina, para seu desenvolvimento?

A narrativa apresentada nos permite acompanhar o intenso trabalho analítico realizado, como numa gestação do embrião psíquico de Dario, alentando a afirmação do si mesmo do analisando. E é surpreendente que esse objetivo pareça ser implementado como que externamente ao trabalho realizado pelo próprio analisando, à própria relação analítica. Ele parece se dar quase que integralmente no psiquismo do analista, em seu desejo e em sua aposta, em seu convite, em seu chamado. Como se a sustentação e a construção desse novo psiquismo dependessem unicamente da potência desejante e fantasiante do próprio analista, que agiria como, digamos, uma prótese psíquica, um HD externo (na falta de uma imagem melhor), ou um útero gerador de um psiquismo embrionário, frágil e incipiente, como um demiurgo criador. Isso se torna também evidente quando acompanhamos a hipótese clínica desse caso de melancolia, hipótese que subentende toda a compreensão do caso trazida no texto, tão bem configurada pela expressão "vazio de infância" de Daniel Munduruku. Poderíamos dizer, de outro lado, que essa infância que foi constituída no vazio configura também um outro ao qual devemos nos atentar: a mãe ou o ambiente supostamente faltantes nos inícios de sua existência e igualmente excessivos na sequência da vida de Dario.

Dessa gestação analítica surgem então questões fundamentais para todos nós: como comparecer no momento exato para acudir esse bebê que foi despejado no mundo? Como receber uma criança sendo uma mãe suficientemente boa, sendo uma analista suficientemente boa, sendo um ambiente político, social e cultural capaz de sustentar o momento de ilusão? Momento esse fundante de continuidade, oferecendo aquilo mesmo que nem se sabe que se deseja, no momento exato do nascedouro do desejo, para só depois desiludir, para só depois decepcionar, abrindo espaço para o desencontro, desencontro como abertura para o futuro, desencontro que permite o nascimento do novo.

Seria o estabelecimento do momento inaugural de ilusão, esse em que não podemos falhar, a grande mágica do encontro psicanalítico?

"Da calma e do silêncio", de Conceição Evaristo (2008):

Quando eu morder
a palavra,
por favor,
não me apressem,
quero mascar,
rasgar entre os dentes,
a pele, os ossos, o tutano
do verbo,
para assim versejar
o âmago das coisas.

Quando meu olhar
se perder no nada,
por favor,
não me despertem,
quero reter,
no adentro da íris,
a menor sombra,
do ínfimo movimento.

Quando meus pés
abrandarem na marcha,
por favor,
não me forcem.
Caminhar para quê?
Deixem-me quedar,
deixem-me quieta,
na aparente inércia.
Nem todo viandante
anda estradas,
há mundos submersos,
que só o silêncio
da poesia penetra.

Nota dos editores: imprevistos fizeram com que esta edição de "Debates clínicos" conte com apenas um comentador do caso apresentado.

Referências bibliográficas

Evaristo, C. (2008). Da calma e do silêncio. In *Poemas da recordação e outros movimentos*. Nandyala.

Munduruku, D. (2019). A arte milenar de educar dos povos indígenas. In *Entre-visões, Sobre-visões, Cosmo-visões* (p. 81). Beco do Azougue Editorial.

Debates clínicos 18: caso Lígia[1]

Maria Helena Fernandes (Apresentadora)
Fábio Belo e Ruth Blay Levisky (Comentadores)

Apresentação de Maria Helena Fernandes

Um ninho para o segredo

Para contribuir na seção "Debates clínicos" da *Revista Percurso* decidi trazer o caso de Lígia, uma jovem de 23 anos que apresentava uma anorexia associada à bulimia. Um dos motivos que me fizeram, neste momento, retomar a discussão desse caso foi justamente a distância temporal desse atendimento: os longos anos que se passaram desde a interrupção da análise de Lígia.[2] Mas também, e principalmente, a intensidade do que experimentei e tudo que pude aprender durante esse processo analítico. Comunicar por meio das palavras o que vivemos na intimidade da

1 Publicado na revista *Percurso* n. 69, dezembro de 2022.

2 Em agosto de 2017 levei este caso para discussão na minha apresentação à Comissão de Admissão do Departamento de Psicanálise do Instituto Sedes Sapientiae. Tive o privilégio de contar com Ana Maria Sigal e Mario Fuks como interlocutores.

clínica psicanalítica implica, a meu ver, antes de mais nada, em considerar, como disse George Bataille (p. 1978), que: "A experiência só pode ser comunicada se os laços de silêncio, retraimento e distância transformarem aqueles que ela coloca em jogo" (p. 42), no caso, aqui, a analista e a analisanda.

Lígia foi encaminhada à análise pelo psiquiatra. Na primeira entrevista chega atrasada e visivelmente agitada. Apesar de muito magra, é uma moça muito bonita. Embora não faça nenhuma referência à sua magreza, diz que está extremamente deprimida: não conseguia levantar-se da cama pela manhã, permanecia deitada durante todo o dia, não conseguia tomar banho. Tinha "crises de desespero" nas quais se jogava no chão, batia a cabeça na parede.

Vivia sob uma angústia quase insuportável, às vezes passava horas andando de um lado para o outro dentro de casa. Após iniciar o uso de antidepressivos e ansiolíticos, começou a ir até o clube fazer ginástica, mas vivia a urgência de ter de voltar para casa. Não conseguia ficar bem em lugar nenhum. Comia exageradamente e em seguida provocava o vômito. Acontecia de ingerir um pote inteiro de *chantilly*, ou manteiga, e bebia litros de leite, chegando a comer e vomitar até oito vezes ao dia. Falava do seu desespero e de uma grande vontade de se matar para "livrar-se de tudo isso", e que só não o fez por causa de suas convicções religiosas. A angústia e a fala em tom de voz alto de Lígia inundaram a sala.

Apesar de falar rápido, encadeando um assunto no outro de maneira que eu não sentia nenhum espaço para abrir a boca, ela parecia ao mesmo tempo me observar com olhos bem atentos. "Eu já fiz muitos anos de terapia, mas não adiantou nada", disse ela. Àquela época, Lígia havia acabado de concluir o curso de Economia. Era a filha mais velha, tinha um irmão e uma irmã caçula.

Vou aos poucos tendo acesso à sua história. Os episódios de comer compulsivamente começaram aos 12 anos, época em que ela chegou a pesar 70 quilos. Tiveram início no período das provas de final de ano na escola. Porém, nessa época os vômitos não ocorriam. Segundo ela, tornou-se uma adolescente gorda, feia e com o rosto cheio de espinhas. Por volta dos 17 anos, Lígia fez um grande regime, emagreceu, tratou da pele e tornou-se uma moça bonita e atraente. Porém, os episódios de comer compulsivamente ocorriam de vez em quando, "nos momentos de angústia", diz ela. Só que dessa vez apareceram os vômitos logo em seguida e o uso de laxantes. Instalou-se progressivamente uma preocupação com a comida, a forma e o peso corporal. Embora fizesse regime e os outros dissessem que ela estava muito bem, achava-se sempre gorda ao olhar-se no espelho.

Quando Lígia ingressou na faculdade, mudou-se para uma cidade do interior e foi morar em um apartamento com mais duas colegas. Por volta dessa época, suas dificuldades se exacerbaram. Emagreceu muito e chegou a parar de menstruar. Os episódios de comer compulsivamente passaram a ocorrer na calada da noite, quando Lígia assaltava a geladeira, se enchia de comida e depois vomitava. Nesses episódios, comia sempre o que era dos outros. Foi por volta dessa época que começou a se dedicar com exagero aos exercícios físicos e relata obter "alívio" com essa atividade.

Com o caminhar do nosso trabalho, consegue contar que namorar sempre foi "complicado": certa vez a mãe a viu beijando um rapaz com quem já saíra três vezes e chamou-a de "puta". Conta que sempre teve receio da aproximação com os rapazes e tece longos comentários sobre a visão religiosa acerca das intimidades fora do casamento. Logo no início da faculdade, começou a namorar um colega de turma. Refere que a maneira de viver lá era muito diferente da que conhecia até então: "Todo mundo transava e era feliz, eu vivia angustiada, me sentia diferente de todo mundo. O João me dizia que eu não pensava por mim mesma, repetia o que minha mãe pensava, comecei a ficar muito confusa com tudo, a religião, a minha formação. Aí, eu resolvi ceder, fumei maconha e transei. Foi horrível, eu não senti nada, só dor".

A partir daí as dificuldades aumentaram muito, Lígia chegou a ficar dias inteiros prostrada na cama sem comer. "Comecei a me sentir afundando", diz ela, "aí um dia tomei coragem, liguei para a minha mãe vir me buscar e voltei pra casa". Foi nesse momento que aconteceu a primeira terapia, que teve a duração de dois anos. Após esse período, Lígia retomou a faculdade, mas logo voltou a apresentar as mesmas dificuldades, e iniciou uma segunda terapia na cidade onde estudava.

É, segundo ela, à custa de muito esforço e da ajuda do segundo namorado que conseguiu concluir a faculdade, mas não pôde levar adiante os seus planos de fazer uma pós-graduação, pois encontrava-se "desestruturada". Abandonou novamente a terapia, dizendo que "não adiantava nada", e retornou para São Paulo, a fim de submeter-se a um novo tratamento. Nessa época, foi levada pelo pai ao psiquiatra. Após mais de um mês fazendo uso de medicação, foi encaminhada à análise comigo.

Após algumas semanas da primeira entrevista, o psiquiatra me telefonou para saber se Lígia havia ficado em análise e diz: "É uma situação complicada, um caso de anorexia. Chegou muito emagrecida e já sem menstruar. Parece apresentar um funcionamento histérico em um quadro depressivo grave e que, ainda por cima, apresenta sintomas bulímicos. Percebo que não apresenta grande melhora com a medicação, em alguns momentos parece ficar psicótica. Enfim... tomara que ela fique em análise!". Para além da minha empatia com a breve descrição do psiquiatra, pensava: como compreender a articulação de todas essas palavras – anorexia, bulimia, histeria, depressão e psicose – em um mesmo caso clínico?

Não é isso, você não entendeu!

No início, Lígia trazia para as sessões descrições detalhadas da rotina do seu dia, incluindo a descrição dos exercícios físicos que fazia e o modo como se alimentava, ou engatava por assuntos culturais anódinos. Depois de passados vários meses de análise, embora Lígia continuasse a mostrar-se extremamente gentil e educada ao entrar na sessão, imediatamente após acomodar-se, essa "capa" se desfazia e dávamos início aos nossos minutos intensos, permeados por queixas abundantes e muito choro. No entanto, ao comunicar-lhe que o nosso tempo, naquele dia, havia acabado, ela se recompunha, enxugava as lágrimas, ajeitava o cabelo, agradecia educadamente e se despedia a distância, muito polidamente, e sorrindo. Ao sair da sala, trancava-se no banheiro e levava algum tempo retocando a maquiagem.

Referia que era a melhor aluna da turma. Enquanto ela passava noites estudando, os outros se divertiam, e agora era ela quem estava desempregada. Depois de ter, ela mesma, acabado o namoro, insistia que era uma "pessoa" atraente e que sabia que tinha muita "mulher" menos atraente do que ela e que, no entanto, "está aí com alguém do lado, enquanto eu estou aqui sozinha". Um tempo depois, recebeu uma proposta de emprego. Mas tanto os empregos quanto os namorados iam e vinham, nada servia. Chegou também a abandonar o psiquiatra e a procurar outro, porque ele também não servia. Qualquer fala minha que parecia fazer algum sentido, Lígia refutava e mergulhava em profunda depressão. Minhas tentativas de interpretação não desencadeavam recordações e novas associações. Fazia questão de me contar quantas vezes havia comido e vomitado no intervalo entre uma sessão e outra. Eu também não servia.

Busquei mais de uma supervisão para este caso, assim como levei Lígia comigo para minhas sessões de análise. Ela conseguia me inundar dentro e fora da sessão. Em duas supervisões sucessivas, que tiveram a peculiaridade de serem feitas com dois supervisores diferentes, em que apresentei duas sessões distintas, ocorreu o seguinte: na discussão da primeira sessão, o grupo de supervisão apontava na direção de uma moça muito regredida, num nível de angústia muito intenso. Era difícil interpretá-la, ela se desorganizava e deprimia, precisava de um contorno. Na supervisão seguinte, a discussão girava em torno da histeria de Lígia. Como assim? Do mesmo modo que a fala do psiquiatra sobre Lígia havia encontrado eco em mim, não podia deixar de perceber que o que havia sido dito nas duas supervisões fazia sentido, ambas falavam de Lígia. E então, como compreender tudo isso?

O tempo foi passando e continuávamos com nossos três encontros semanais. Fui percebendo que, após algumas sessões em que sentia o caminhar do trabalho, sucediam-se novos períodos tempestuosos. Queixas abundantes, choro, irritabilidade, nada do que eu falava servia. Se fizesse qualquer menção de que havia percebido que ela havia ficado irritada, ou com inveja, em determinada situação, ou mesmo parecia ter ficado irritada comigo, seja por algo que eu tivesse dito seja por ter anunciado o final da sessão, era imediatamente contestada por um educado "Não é isso, você não entendeu!".

Em seguida, tecia longos comentários sobre a importância de não cultivar "maus" sentimentos, pois todos deveriam buscar se aprimorar sempre, buscar a perfeição. Ancorada em ideais absolutos, fossem eles religiosos ou não, ficava evidente que os sentimentos de raiva, inveja etc. eram inadmissíveis para ela. Não obstante, a agressividade estava ali posta às claras na relação comigo. Sem dúvida, o educado rechaço de Lígia às minhas colocações era também um insulto que me deixava entregue à minha própria impotência.

Ao mesmo tempo, defrontava-me com seu intenso sofrimento, atormentada por imagens que, segundo ela, não tinham palavras, escapavam da linguagem, "Não sei dizer, não consigo entender!", dizia ela. Esses eram momentos também difíceis, de intensa angústia, aqueles durante os quais as palavras pareciam não fazer sentido, aquilo que matava qualquer fala. Era como se o aparelho psíquico não desse conta de realizar o seu trabalho habitual de "digestão" das experiências vividas. A angústia se transformava em atos.

Certa vez, Lígia entrou desesperada na sala e começou a falar que estava passando mal, que estava "péssima". Falava sem parar e começava a agitar-se, repetia incessantemente que não aguentava mais. Pedi que me explicasse o que estava se passando e tentei ver se alguma ligação poderia ser feita entre o que estava vivendo naquele momento e o que havia vivido antes, mas foi em vão. Inicialmente, entre momentos de silêncio e retomada da palavra, continuava tentando dizer o que me ocorria e o que achava que poderia fazer sentido, por tudo que já conhecia dela, mas tinha a impressão de que ela sequer me escutava. A agitação continuava crescendo. Os gritos desesperados aumentavam, ela foi mergulhando cada vez mais no desespero. Daí começou a bater-se com as duas mãos. Batia na cabeça, batia no corpo, jogou a cabeça contra a parede sob a qual estava encostado o divã. Depois encolheu-se segurando as pernas com os braços. Chorava sem parar, dizendo que estava ficando louca, pediu ajuda, disse que queria morrer!

Digo-lhe quando o nosso tempo acabou, mas dessa vez Lígia não se recompôs como das outras. Parecia estar disposta a ir até o fim. Mas que fim? Estaria ela disposta a não sair educadamente dessa vez? Estaria ela tirando a capa? A maquiagem? Estava me experimentando? Lentamente, enquanto permaneci ali calada ao seu lado, Lígia foi se acalmando, parecia exausta e aliviada ao mesmo tempo. Até que se recompôs e disse "Não posso voltar sozinha para casa, ligarei daqui pra minha mãe vir me buscar".

Não é difícil imaginar que saí dessa situação exausta. O que eu não tinha conseguido compreender e devolver para Lígia? Teria algo que, se tivesse sido dito, poderia barrar a ação e dar lugar à palavra? Estava ela me testando? Que significado teria para Lígia o que se passara? E para mim?

Permanecemos caminhando juntas ainda por longos anos. Entre outras coisas, fui me dando conta de que apontar para Lígia o que eu observava do seu modo de funcionamento, por mais óbvio que me parecesse, exigia uma cuidadosa delicadeza. Comecei a restringir, cada vez mais, os assinalamentos e as interpretações, e a substituí-los por *perguntas* que pudessem dar lugar a uma construção conjunta do entendimento do que se passava com ela. Fui notando também que Lígia nem sempre conseguia ouvir o que eu dizia. Porém, certa vez, me disse que minha voz a acalmava. Pensei que a sonoridade da minha voz, e não necessariamente o conteúdo da minha fala, tinha um lugar significativo nos movimentos transferenciais que vinham se passando na análise.

Depois de um longo tempo, cheio de tempestades e bonanças, comecei a notar que Lígia havia ganhado peso e já não me contava quantas vezes havia comido e vomitado naquela semana. Jamais fiz um único comentário sobre essas observações, ao contrário, guardei sempre em segredo comigo o que observava. Com o passar do tempo, os assuntos foram lentamente migrando da rotina alimentar, das descrições das sensações corporais e dos fatos do dia a dia para suas dificuldades de relacionamento no ambiente de trabalho e, somente depois, para sua relação com os familiares, particularmente com a mãe, e as questões da sua vida afetiva e sexual. Muito timidamente, começou a partilhar comigo seus anseios e expectativas de futuro, porém nunca surgiu o relato de um sonho.

Só fiqui sabendo que Lígia não vomitava mais, já havia mais de um ano, quando ela começou a se queixar de dores no estômago e, após o exame de endoscopia, acabou descobrindo uma úlcera gástrica. Temos aí o aparecimento de uma doença somática. O que vemos é uma dificuldade na elaboração psíquica que foi inicialmente compensada pelo agir impulsivo e depois pela somatização, denunciando a precariedade dos processos de simbolização. Embora suas dificuldades para se relacionar fossem bastante significativas, estava conseguindo se manter em um emprego que a agradava. É por volta dessa época que a análise foi interrompida devido à minha saída do Brasil.

Não havia me dado conta!

Ao longo da experiência analítica com Lígia, dois aspectos me chamaram particularmente a atenção: a relação dela com o próprio corpo e com a mãe.

Pouco após o início da análise, ela ainda se encontrava muito magra, mas dizia não entender por que todos prestavam tanta atenção ao seu peso. Parecia haver uma dificuldade de percepção não só da forma do corpo, como também das sensações que provêm do interior do corpo. Isso ficava evidente, por exemplo, na ausência de percepção da sensação de fome e, provavelmente, das dores gástricas daí decorrentes, ou mesmo dos efeitos da hiperatividade física, como o cansaço e as prováveis dores no corpo devido aos exercícios exaustivos.

Após o momento inicial, no qual ainda se encontrava muito deprimida, Lígia retomou os exercícios físicos de forma intensa. Com medo de perder o controle de suas próprias urgências orais e de se ver à mercê da compulsão bulímica, corria durante horas no Parque Ibirapuera, quilômetros a fio; seus pés chegavam a ficar machucados. No início da análise, fiz um comentário a esse respeito e, examinando os próprios pés, ela me disse surpresa: "Não havia me dado conta!". O corpo de Lígia parecia não sentir a dor, nem quando ficava sem comer, nem quando se entregava a exercícios físicos exaustivos, como se esse corpo só existisse em negativo. Anos depois pude formular uma compreensão teórica a esse respeito.

Em Lígia, a obstinada recusa alimentar, acompanhada da insistente recusa das transformações do corpo produzidas pelo emagrecimento e pelos exercícios exaustivos, não deixava passar despercebido que algo escapava aos mecanismos tipicamente conhecidos da neurose. Aliás, os analistas que se ocupam desses casos sabem bem que reconhecer nessas jovens um pendor histérico já assinala boas perspectivas para o processo analítico. Especialmente nos casos mais graves, esse inquietante *algo mais,* esse *além* da neurose, tem sido reconhecido por vários autores.

Jeammet (1991), por exemplo, fala em "arranjo perverso" (p. 98). No entanto, salienta que não se trata de uma estrutura perversa estável, mas sim de um arranjo defensivo secundário. Assim, diferentemente da perversão, em que o papel da angústia de castração é determinante, nesse arranjo perverso a angústia de castração cede lugar à angústia de separação, com sua oscilação entre abandono e intrusão. Vale salientar ainda que, em Lígia, a recusa não dizia respeito a uma recusa da realidade exterior, como estamos acostumados a ver na psicose, mas a uma recusa da realidade do próprio corpo. Ficava evidente, então, que a recusa da realidade do corpo assumia não somente um lugar de destaque nesse caso como também permitia estabelecer uma fronteira com a psicose.

Jeammet (1999, p. 41) salienta justamente que uma característica geral dessas jovens é não poderem se organizar sob um modo estável, seja sob os modos neurótico, psicótico ou perverso. Para Jeammet, essa instabilidade vai justificar o caráter transnosográfico da anorexia e da bulimia, amplamente notado nessa clínica. No relato do caso de Lígia, isso fica evidente tanto na fala do psiquiatra quanto nas discussões das duas supervisões. Essa instabilidade é, segundo Jeammet, uma consequência do fracasso das internalizações precoces, que deveriam assegurar a construção de bases narcísicas suficientemente estáveis.

Em Lígia, era evidente ainda que o ato bulímico muitas vezes aparecia privando, em graus diversos, a atividade psíquica do espaço interno ao pensamento e à reflexão. Além disso, o regime da urgência e a intolerância para com as exigências da realidade pareciam levar a uma espécie de abolição da temporalidade, do abrigo do desejo, das contradições e das interdições. Desse modo, ganhava lugar de destaque também o evitamento do pensamento reflexivo, denunciando a dificuldade de contato com a subjetividade e a tendência a investir as sensações e a exterioridade do corpo, tão evidente no seu caso.

A meu ver, não se podia deixar de notar ainda uma dificuldade de discriminação entre dentro e fora. Tudo se passava como se o corpo próprio não exercesse aí uma de suas funções, que é colocar os limites entre dentro e fora, exercendo assim o papel de fronteira entre o eu e o outro. Em Lígia, essa dificuldade de discriminação entre dentro e fora, entre o eu e o outro, assinalava a importância da precariedade das fronteiras entre sujeito e objeto, evidenciada na dificuldade de diferenciação da figura materna observada na ausência de autonomia.

A minha mãe diz...

Logo no início da análise, diante da minha tentativa de conhecer sua própria teoria a respeito do que se passava com ela, Lígia me diz: "a minha mãe fala que vomito para não engordar, mas a verdade é que não posso suportar tudo aquilo dentro de mim". A mãe de Lígia nunca tentou se comunicar comigo, o que de certa forma sempre me chamou a atenção. É comum, ao longo da análise dessas jovens, precisarmos administrar também as angústias da mãe, seu desespero e, sem dúvida, suas tentativas de entrar no espaço analítico. No entanto, a mãe de Lígia não parecia precisar disso; na verdade, não precisava vir porque já estava lá, ia com Lígia para as sessões todos os dias: *a minha mãe diz, a minha mãe acha, a minha mãe pensa, a minha mãe quer...* As sessões se seguiram e continuávamos ali, as três, eu, Lígia e sua mãe.

Embora, de saída, Lígia enuncie uma dissonância entre a teoria de sua mãe e a dela própria a respeito dos vômitos, inicialmente o conhecimento construído em nossas sessões referia-se, na verdade, ao saber sobre uma dupla: mãe e filha. Na literatura psicanalítica sobre a anorexia e a bulimia, já foi bastante assinalada a dificuldade da entrada do pai na dualidade mãe-filha. No caso de Lígia, embora tenha sido o pai que a tenha levado ao psiquiatra naquele momento crítico, ela pouco se referia a ele nas suas sessões. Sabemos que é pela identificação paterna que a filha escapa ao conluio narcísico com a mãe, permitindo a realização da passagem da menina para a mulher. Uma das condições que permite à menina separar-se da mãe e voltar-se para o pai é que este tenha lugar garantido no desejo da mãe. Isto é, que o pai seja um representante de valor para a mãe.

Se a função do pai é desvalorizada, essas jovens não podem contar com a possibilidade de apoiar-se no suporte paterno para administrar a ligação naturalmente ambivalente com a mãe, ficando, então, aprisionadas a uma imago materna ideal e onipotente. Assim, a dificuldade de diferenciação da figura materna ameaça de dentro a integridade do Eu, solicitando estratégias psicopatológicas para garantir a sobrevivência psíquica.

Mas a pergunta persistia: o que Lígia não podia suportar dentro de si? A continuidade do nosso trabalho vai, pouco a pouco, colocando em evidência que o que Lígia não conseguia suportar dentro de si se organizava entre dois eixos: a sexualidade e a agressividade. Os meandros da relação de Lígia com a mãe começam lentamente a ganhar espaço na análise a partir da repetição dos padrões relacionais vividos na transferência.

A situação analítica: guardiã da interioridade

Parece ser justamente quando a vivência transferencial começa a movimentar-se - saindo, assim, do seu congelamento inicial, que é o próprio vínculo com a analista - que se torna algo potencialmente destrutivo e ameaçador. Em Lígia, a destrutividade assumiu, algumas vezes, contornos dramáticos, não apenas por colocar em evidência a potência da destruição que vem de dentro, do interior do próprio sujeito, mas também por assinalar o potencial destrutivo no interior da transferência. Na relação transferencial, muito frequentemente a analista era, ao mesmo tempo, insistentemente solicitada e atacada, numa relação baseada no tudo ou nada. Esses movimentos transferenciais exigiam que pudéssemos refletir sobre as possibilidades de manejo dessa destrutividade, de contornos nitidamente simbióticos.

Em Lígia, a dificuldade de percepção das sensações corporais se fazia acompanhar de uma outra, igualmente significativa, a saber, a dificuldade de percepção de seu mundo interior, suas necessidades afetivas e seus próprios pensamentos. De fato, tem sido assinalado que essas jovens se apresentam como se estivessem privadas do seu espaço interno, despossuídas de uma interioridade. Uma despossessão que, segundo Bidaud (1998), diz respeito ao corpo, ao afeto e ao pensamento.

Na situação analítica, a escuta atenta do analista – que ouve com igual interesse tudo que o analisando diz, deixando-se embalar pela sua atenção flutuante – parecia representar para Lígia uma experiência nova, que encantava, mas, ao mesmo tempo, muitas vezes assustava. O difícil na condução do processo analítico era conseguir dosar proximidade e distância, silêncio e palavra. O paradoxo residia justamente no fato de o interesse no trabalho analítico e o prazer no contato com a analista tornarem-se, ao mesmo tempo, fonte de angústia, provavelmente porque evocava a ameaça de indiferenciação e fusão vividas na relação com a figura materna. O controle onipotente sobre o corpo repetia a relação experimentada com a mãe, e era esta relação que se repetia na transferência. Uma relação marcada por ausência e intrusão, o que exigia *delicadeza* e *paciência,* não podíamos ter pressa.

Não era à toa que, nesse caso, muitas vezes o corpo da analista foi solicitado, na relação transferencial, a acolher os sentimentos e as sensações mais primitivas, que mais de uma vez surgiram na forma de dores difusas, náuseas, exaustão. Muitas vezes, cabe ao corpo do analista *receber* e *conservar* essas sensações para que, por meio delas, possa *reconstituir* no movimento transferencial sua história libidinal. É essa reconstrução que permite estabelecer a *ligação* entre essas jovens e seus corpos e, assim, entre elas e seu desejo.

Eu diria, então, que a relação transferencial com o analista pode oferecer novas possibilidades de trocas que permitem a essas jovens se descobrirem sujeitos do próprio desejo. No entanto, essa descoberta, durante longo tempo potencialmente geradora de angústia, parece precisar se realizar *discretamente*, em uma espécie de *velamento* de sua importância, a fim de que possa se tornar tolerável para elas. Em Lígia, isso era evidente.

A situação analítica surge, aqui, como o espaço privado de acolhimento da interioridade, guardiã da emergência de novos prazeres, ao mesmo tempo ligados às fontes infantis e atuais de prazer. Um espaço no qual o segredo dessa descoberta pode ser preservado todo o tempo que for necessário – *um ninho para o segredo*. É esse *ninho para o segredo* que assegura à situação analítica sua potencialidade para engendrar um movimento reorganizador da libidinização do corpo e, ainda, para gerenciar as angústias de separação, com sua oscilação entre intrusão e abandono, levando em conta, ao mesmo tempo, o corpo e a palavra no manejo da relação transferencial.

É, assim, esse *ninho para o segredo* que, delicadamente, permite criar as condições de possibilidade para a retomada da confiança em si mesmo e, consequentemente, uma maior autonomia em relação aos outros. A abrangência dessas conquistas certamente vai variar muito de um caso a outro, afinal, quando iniciamos uma aventura analítica jamais sabemos aonde vamos chegar.

Com Lígia aprendi que é por meio da *delicadeza da escuta*, de uma leitura em filigrana das palavras, na sutileza da busca dos detalhes, dos gestos, do olhar, do silêncio, que o analista pode reencontrar as marcas das imagens internas dos seus analisandos. E isso de tal forma que as vivências que tocam o corpo, o afeto e o pensamento não fiquem privadas da possibilidade de ganhar a linguagem, não fiquem privadas da possibilidade de serem faladas. Sim, pois não devemos esquecer, como diz Fernando Pessoa (1986):

> ...
> *A alma de outrem é outro universo*
> *Com que não há comunicação possível,*
> *com que não há verdadeiro entendimento.*
>
> *Nada sabemos da alma*
> *senão da nossa;*
> *as dos outros são olhares,*
> *são gestos, são palavras*
> ...

Comentário de Fábio Belo

Comer é sexual: sobre um caso de bulimia

O caso Lígia, uma jovem de 23 anos, é um bom pretexto para revisitar a distinção fundamental entre o instinto e a pulsão. Os distúrbios da oralidade, tais como a anorexia e a bulimia apresentadas pela paciente, são exemplos trágicos e didáticos de como uma função biológica pode desviar-se de sua suposta função natural e ser colonizada pelo princípio do prazer, isto é, pelo sexual.

A partir da teoria da sedução generalizada, fica evidente que a pulsão se apoia sobre o biológico a partir das interações entre o adulto e a criança. O *apoio* não é uma operação automática. Na amamentação e na longa história da alimentação da criança, os adultos transmitem afetos e mensagens conscientes e inconscientes. Isso levará Laplanche a dizer que a verdade do apoio é a sedução (cf. Laplanche, 2015/1970, 1997). A oralidade torna-se, então, lugar de circulação do sexual, de escoamento e organização do pulsional, lugar também simbólico de representação das relações libidinais do sujeito.

Ali onde deveríamos encontrar o instinto, o sexual ocupa o lugar. Toda dietética humana está atravessada pelo desejo: o que, como, com quem, por quais razões comer. A complexidade da alimentação vai muito além do nutricional. Quando Lígia, na entrada da adolescência, aos 12 anos, começa a comer compulsivamente, ela não o faz pela fome, evidentemente. Comer, nesse contexto, tem mais a ver com uma resposta à angústia do que com a alimentação propriamente dita. O alimento se torna uma espécie de droga tranquilizante, um antídoto contra a ansiedade.

Não é por acaso que a origem mais evidente dos sintomas de Lígia aparece na adolescência. As exigências corporais ligadas à sexualidade e à sua socialização colocam à prova toda história libidinal do sujeito. O sexual biológico encontra seu lugar ocupado pela sexualidade infantil (o pulsional propriamente dito), isto é, todo erotismo oriundo dos romances familiares do sujeito. Lígia, ao que parece, não tinha os recursos tradutivos necessários para metabolizar de forma menos violenta a chegada desse corpo sexualizado e se valeu da bulimia e da anorexia para tentar representar algo inominável.

O inominável, nesse caso, é o sexual proveniente da mãe, aquilo que foi endereçado, consciente e inconscientemente, à criança nas cenas mais corriqueiras ao longo de sua constituição. Tomemos como paradigmática a cena na qual a mãe chama Lígia de "puta" simplesmente por tê-la visto beijar um rapaz. Minha hipótese é que esse excesso absurdo já estava presente desde o início, do lado da mãe. A cena do beijo, aliás, também oral, é apenas um exemplo explícito do que deve ter sido uma violência generalizada, como também fica claro ao longo do relato, pela "adesividade" da mãe ao discurso de Lígia.

Num exercício de construção analítica (cf. Freud, 1937/1969), imaginemos os primeiros momentos de Lígia, nas cenas de amamentação. De forma geral, a cena de aleitamento em hipótese alguma é passível de ser reduzida a uma simples cena de alimentação. Há uma enormidade de fantasias e excitações, do lado da mãe, transmitidas para a criança. O mesmo irá acontecer ao longo da complexa triangulação entre mãe, filha e comida (cf. Parat, 2006, e Lanouzière, 1994). O alimento incorporado vorazmente, rejeitado de forma absoluta ou engolido e vomitado, representa diversas formas de lidar com esse sexual materno não metabolizável.

> *Para a criança, uma vez terminado o desmame, os diversos comportamentos ou maneiras à mesa que se associam à complexificação da alimentação continuam a veicular mensagens enigmáticas de caráter sexual como o aleitamento fazia. Experiência originária, este último marca provavelmente de maneira decisiva o grau de erotização, no indivíduo, da sensação de fome ou de apetite, e o ato de alimentação pode reencontrar uma forte conotação sexual ao longo de toda vida. (Marinov, 2008, p. 226)*

É essa longa história libidinal que torna possível a hipótese metapsicológica de que a mãe e sua sexualidade disruptiva e mortífera são os alimentos que Lígia tenta controlar de forma onipotente na fase da incorporação (como se dissesse: sou eu quem quero a intrusão, eu tenho um corpo infinitamente elástico para suportar toda intrusão); depois, na fase bulímica, incorporando e expulsando (eu consigo introduzir e expulsar o que eu bem entender do meu corpo); e, finalmente, na fase anoréxica (eu me recuso a me deixar penetrar por qualquer coisa que seja, sou impenetrável a qualquer representante materno). Um dos exercícios imaginativos, por parte da analista aqui, seria imaginar como decompor a equação beijo/puta nas fantasias sexuais da mãe durante o aleitamento. A analista, como guardião do enigma, veremos adiante, deve manter a questão sobre o que é comer, insistir no alimento enquanto enigma (cf. Marinov, 2008).

De fato, como apontado no relato, o pai poderia ter sido uma referência identificatória protetiva contra a adesividade invasiva da mãe. Ao que parece, isso não foi possível. E isso, certamente, aponta para a direção da análise de Lígia. Questionar ativamente essa ausência e seus sentidos é tarefa a ser feita. Pêndulos do romance familiar: nomear as invasões maternas, simbolizar a presença ausente do pai, dar testemunho da violência e da indiferença (cf. Gondar, 2017), depois (re)estabelecer processos de simbolização para que partes cindidas do eu possam se integrar, assim como auxiliar nos processos de integração psicossomática, nomeando os sentidos do corpo.

"A existência psicossomática é uma conquista e, embora se baseie em uma tendência hereditária de crescimento, não se concretiza sem a participação ativa de um ser humano que segura e manuseia o bebê" (Winnicott, 1966/2020, p. 27). Os múltiplos sintomas de Lígia são formas um tanto desastradas dessa integração psicossomática perturbada. As dores gástricas, as corridas até a exaustão, as experiências com a comida: tudo isso são diferentes formas de tentar reconhecer seu próprio corpo, apropriar-se dele. Foram desastradas as tentativas de integração porque faltou manejo adequado. Ora, o manuseio/manejo do bebê deve espelhar e ser modelo para o manejo clínico. Nesse sentido, foi excelente a adaptação da técnica no caso de Lígia, com a modificação das intervenções da analista a partir de certo momento no tratamento. Ao invés da interpretação e dos assinalamentos que poderiam ser sentidos como as invasões maternas, as perguntas não só permitiam que a paciente se sentisse mais segura para se expressar a seu tempo e a seu modo, como também as perguntas são sentidas como um convite para construção conjunta dos processos de simbolização em análise.

Certamente, como afirma a analista, a situação clínica é um "ninho para o segredo", uma guardiã da interioridade. É bem provável que casos de bulimia e anorexia envolvam a problemática da construção das fronteiras internas e externas, distinções entre o eu e o outro. No entanto, o movimento da análise deve pendular dessa posição mais terapêutica e construtiva para uma outra, mais propriamente analítica, de desvelamento do sexual. Por exemplo, insistindo, em alguns momentos da análise, na importância de Lígia interpretar o que efetivamente a mãe diz quando associa beijos de adolescente à prostituição... Tocar nesse ponto, entretanto, só pode acontecer se ela estiver menos fragmentada.

Laplanche (1992 [1991]) nos convida a pensar o analista como um "guardião do enigma e provocador da transferência" (p. 430). Esta última é vista como uma reabertura da situação originária. Em sua relação transferencial, Lígia pôde reexperimentar a passividade diante dos ataques internos da pulsão e, com o apoio da analista, pôde retraduzi-los de maneira menos mortífera. As traduções em linguagem oral e psicossomática cederam espaço para traduções simbólicas mais complexas. De maneira geral, essa é uma direção do tratamento para esse tipo de caso. Sempre lembrando, no entanto, que não há nenhum ideal moralista sobre a dietética ou qualquer esfera da vida do sujeito. Sempre haverá restos intraduzíveis e proteger esses enigmas é função do analista.

"Minha mãe fala que vomito para não engordar, mas a verdade é que não posso suportar tudo aquilo dentro de mim": diante do realismo denegatório da mãe – a comida é apenas a comida –, Lígia sabe que a comida representa "tudo aquilo". A grande questão é nomear essas coisas internas que ela tentou controlar reduzindo-as à comida e mortificando o corpo. Não é curioso o realismo dessa mesma mãe tão afastada de uma interpretação comum sobre o beijo? Diante da cena de sexualidade infantil, comer para vomitar, ela apaga o sexual... diante da cena de carinho, ela inflaciona de maneira caricatural e hiperbólica um gesto de afeição em derrocada sexual e moral. É essa "confusão de línguas", em sentido mais amplo do que aquele definido por Ferenczi (1932/1992a), que devemos investigar.

De fato, diante de uma mãe intrusiva, faz todo sentido buscar uma forma de separação dela a partir dessa operação metonímico-metafórica: a comida representa minha mãe, que tento controlar de todas as formas, recusando-me totalmente a incorporar ou incorporando ativamente até explodir, incorporando e vomitando. A operação segue a mesma lógica descrita por McDougall (2002) quando ela descreve a economia psíquica da adição. A conduta aditiva, para a autora, é:

> *a necessidade de se livrar o mais rapidamente possível de todo sentimento de angústia, de cólera, de culpabilidade ou de tristeza que fazem sofrer, talvez até mesmo de sentimentos aparentemente agradáveis ou excitantes, mas que são vividos inconscientemente como proibidos ou perigosos. (p. 15)*

O distúrbio alimentar, assim como as adições, são tentativas psicossomáticas de tentar "preservar o amor oral pré-genital com a mãe" (McDougall, 2002, p. 18). Essa tentativa de preservar essa relação primitiva tem uma de suas fontes na própria mãe, como parece ser o caso da mãe de Lígia. Uma mãe que vê no beijo da filha a derrocada para a prostituição parece ser uma mãe nada tranquila com relação à independência da filha – e o consequente afastamento dela que isso provoca.

Para finalizar, gostaria de comentar um aspecto importante: a fragmentação de Lígia. A analista nos lembra que a paciente é formada em Economia. Isso é um sinal importante de que existe capacidade simbólica na vida psíquica da paciente, além das diversas tentativas de fazer terapia e também namorar. Uma série de sinais clínicos que mostram uma parte de Lígia comprometida com a vida e com a pulsão de traduzir os ataques internos que sentia. Por outro lado, é também evidente que a confusão, a sensação de não habitar o próprio corpo, os sintomas radicais da bulimia e da anorexia, apontavam para outra parte de Lígia, de poucos recursos simbólicos.

Fragmentações e cisões desse tipo são decorrentes de situações traumáticas. Lígia parece com o tipo de caso descrito por Ferenczi (1934/1992b), nos quais a impossibilidade de fugir ao trauma leva o sujeito à autodestruição, alcançada em parte pela fragmentação. Para o autor, "o processo de autodilaceração é a brusca transformação da relação de objeto, que se tornou impossível, numa relação narcísica" (p. 117). Desse processo, surge um "fragmento de si mesmo" que toma a forma de um outro interno cuidadoso: "esse anjo vê desde fora a criança que sofre..., percorre o mundo inteiro em busca de ajuda" (p. 117). E é no lugar desse anjo interno, fragmento cindido do eu, que o analista pode entrar, ao reinstalar a situação originária por meio da transferência, auxiliando no processo de integração dessas partes fragmentadas. É essa a parte que "chora sem parar dizendo que está ficando louca, pede ajuda, diz que quer morrer". É fundamental, mais uma vez, imaginar essa cena como repetição de cenas originárias. Diante desse pedido desesperado, Lígia deve ter encontrado a ausência do pai e a dependência invasiva da mãe. Respostas que a mantiveram fixadas à oralidade como modo de lidar com o mundo (cf. Freud, 1925/2014). O trabalho de análise de Lígia é construir respostas mais complexas e seguras que vão além do cuspir/vomitar as intrusões do outro. Trabalho pendular da análise em sua função terapêutica (ligação/cuidado/integração) e em sua função analítica (reconhecimento do sexual/primazia do inconsciente enquanto alteridade sexual). Fica evidente, pelo relato clínico, que o acolhimento que recebeu em sua análise permitiu que boa parte desse trabalho já tenha sido feito.

Referências bibliográficas

Bataille, G. (1978). L'expérience intérieure. In *Oeuvres complètes* (Vol. V). Gallimard.

Bidaud, E. (1998). *Anorexia mental, ascese, mística: Uma abordagem psicanalítica*. Companhia de Freud.

Ferenczi, S. (1992a). Confusão de língua entre os adultos e a criança. In S. Ferenczi, *Obras completas* (Vol. IV). Martins Fontes. (Trabalho original publicado em 1932).

Ferenczi, S. (1992b). Reflexões sobre o trauma. In S. Ferenczi, *Obras completas* (Vol. IV). Martins Fontes. (Trabalho original publicado em 1934).

Freud, S. (2014). *A negação*. Cosac Naify. (Trabalho original publicado em 1925).

Freud, S. (1969). *Construções em análise.* In S. Freud, *Edição Standard brasileira das obras psicológicas completas de Sigmund Freud* (Vol. XXIII). Imago. (Trabalho original publicado em 1937).

Gondar, J. (2017). O analista como testemunha. In E. Reis & J. Gondar, *Com Ferenczi: Clínica, subjetivação, política.* 7 Letras.

Jeammet, Ph. (1991). Dysrégulations narcissiques et objectales dans la boulimie. In B. Brusset, C. Couvreur & A. Fine (Orgs.), *La Boulimie. Monographies de la Revue Française de Psychanalyse* (pp. 81-104). PUF.

Jeammet, Ph. (1999). A abordagem psicanalítica dos transtornos das condutas alimentares. In R. Uribarri (Org.), *Anorexia e bulimia* (pp. 29-49). Escuta.

Klein, M. (1981). Uma contribuição à psicogênese dos estados maníacos depressivos. In M. Klein, *Melanie Klein: contribuições à psicanálise.* Editora Mestre Jou. (Trabalho original publicado em 1934).

Lanouzière, J. (1994). De l'allaitement comme séduction originelle et comme scène originaire de séduction. In J. Laplanche, et collaborateurs et al., *Colloque international de psychanalyse*: *Nouveaux fondements pour la psychanalyse.* PUF.

Laplanche, J. (1992 [1991]). Du transfert: sa provocation par l'analyste. In J. Laplanche, *La révolution copernicienne inachevée. 1967-1992.* Aubier.

Laplanche, J. (1997). *Freud e a sexualidade: O desvio biologizante.* Jorge Zahar.

Laplanche, J. (2015). Sexualidade e apego na metapsicologia. In J. Laplanche, *Sexual: A sexualidade ampliada no sentido freudiano. 2000-2006.* Dublinense. (Trabalho original publicado em 1970).

Marinov, V. (2008). *L'anorexie, une étrange violence*. PUF.

McDougall, J. (2002). L'économie psychique de l'addiction. In J. McDougall et al., *Anorexie, addictions et fragilités narcissiques*. PUF.

Parat, H. (2006). *Sein de femme, sein de mère*. PUF.

Pessoa, F. (1986). Poesias coligidas. Inéditas 1919-1935. In *Obra poética em um volume*. Itatiaia.

Winnicott, D. W. (2020). A mãe dedicada comum. In D. W. Winnicott, *Os bebês e suas mães*. Ubu. (Trabalho original publicado em 1966).

Comentário de Ruth Blay Levisky

A ideia de colocar *Debates clínicos* na Revista Percurso foi muito interessante por proporcionar a abertura de outros olhares que provocam questionamentos e ampliações do conhecimento.

O primeiro impacto quando iniciei a leitura do caso foi o título: "Um ninho para o segredo". Ele despertou minha curiosidade para querer saber que segredos o corpo da paciente poderia estar guardando sem conseguir elaborar. Aliás, casos clínicos costumam se apresentar carregados de segredos a serem desvendados durante o processo psicanalítico. A analista inicia seus comentários dizendo que escolheu discutir esse caso pela distância temporal desse atendimento e pela intensidade do que experimentou e do que aprendeu durante esse processo. Achei curioso que depois de tanto tempo do atendimento o caso ainda continuasse vivo e presente dentro da analista. Casos desafiadores e difíceis costumam deixar marcas de identificações inconscientes ou conscientes dentro de nós, cicatrizes que demoram a desaparecer e que, por vezes, nunca se apagam. Buscas de elaboração. Fantasiei que o sofrimento da analista para suportar o silêncio e as incompreensões de Ligia podem explicar o título do trabalho; acrescentaria: segredos guardados no ninho vincular construído entre elas. Pelo vértice da psicanálise vincular, os segredos encriptados costumam emergir durante a análise no espaço "entre" analista-paciente, um espaço potencial criado na presença, no qual o Outro, com qualidade de alteridade, não é um objeto projetado.

O diagnóstico do psiquiatra impactou a analista: anorexia, bulimia, histeria, depressão e psicose; tantos quadros clínicos numa só pessoa? O acompanhamento de um psiquiatra nesses casos é de fundamental importância para dar suporte ao analista, mas com o cuidado de ele preservar sua liberdade de escuta e de observação analítica e não se deixar contaminar por rótulos, mas sim atentar às observações a serem captadas durante o processo.

Lígia, na primeira entrevista, chega "agitada, com queixas de depressão e crises de desespero. Sua magreza aparente não entrava em sua queixa". Pensei: Não consegue perceber seu corpo? Estava centrada em sua alimentação, mas não nos efeitos que ela provocava. Uma cisão entre causa e efeito, uma distância do mundo real. A analista comenta: "a presença de Lígia inundava a sala", com sua voz alta e desespero. A ansiedade de Lígia era tanta que a analista não tinha espaço para existir. Como é difícil para nós, analistas, suportarmos esse estado de não existência. Mexe com nossos conteúdos narcísicos, com nosso ímpeto de querer falar, de não ser ouvido, com um sentimento de aparente desprezo por parte do analisando, um estado mental de solidão. Eram sentimentos que Lígia carregava dentro de si, mostrava para a analista, mas não conseguia nomear. Percebe-se na analista o uso da contratransferência, para lhe servir de guia, para ir construindo, delicadamente, com paciência, continência e sofrimento um outro tipo de vínculo com a paciente.

Os sintomas de Lígia relativos à compulsão alimentar começaram aos 12 anos, período que marca o início de sua adolescência, caracterizado por grandes turbulências emocionais, buscas de ressignificações e construções identitárias. Engordou muito e sentia-se feia. Foi somente aos 17 anos, após um regime alimentar, que começa a vomitar e a usar laxantes. Por mais magra que estivesse, continuava a se sentir gorda, distorção da imagem corporal comum nos casos de anorexia e bulimia. Os sintomas de Lígia também sugeriam ligação entre compulsão, ansiedade, baixa autoestima e fragilidade egóica.

A leitura do caso me trouxe vários questionamentos: o que teria acontecido em sua infância e em suas relações familiares? Como terá sido o seu processo de desenvolvimento? Aspectos primitivos de sua mente pareciam estar encriptados. O que estaria escondendo de si mesma? Por que teria dificuldades para namorar? Que lugar o pai ocuparia em sua vida? Que heranças familiares poderiam ter sido transmitidas? Sabe-se pela literatura psicanalítica que, nos casos de anorexia, dificuldades na relação entre mãe e filha são recorrentes.

A capacidade da analista de esperar para que a história emergisse espontaneamente foi fundamental. Era necessária a construção de um vínculo de confiança básica entre elas. Algo pode ter acontecido em sua história de vida que permanecia inconsciente e que se evidenciava pelos sintomas psicossomáticos. Os sintomas comunicavam algo muito indigesto que a paciente queria expulsar de dentro de si. Depois de algum tempo de análise, Lígia começa a compartilhar sua história. Era o início de um processo de mergulho para dentro de si e de tentativa de dar sentido às suas memórias vivenciadas e encriptadas. Sua narrativa ainda continuava ligada à compulsão alimentar e aos vômitos, embora já pudesse externalizar seu sofrimento e compartilhar com a analista momentos de angústia, expressos por meio de muito choro. A agressividade também começou a emergir, assim como surgiu o desprezo por tudo que a analista dissesse. O ataque ao vínculo inundava as sessões. Não diria ser uma transferência negativa, mas a possibilidade de Lígia mostrar, do seu jeito, a sua agressividade, com a qual ela não sabia lidar. A analista, apesar da dificuldade para suportar esses ataques e de seu sentimento de impotência diante do caso, não perdeu sua função analítica e demonstrou uma capacidade desafiadora para desvendar os mistérios e os segredos de Lígia. Sofreu, buscou ajuda em supervisões: "a paciente estava presente nela dentro e fora das sessões".

Abro uma reflexão sobre os comentários distintos que a analista ouve em suas duas supervisões sobre o caso. Na primeira, a paciente era vista como regredida, com nível de angústia intensa, com dificuldades para alcançar interpretações, pois se desorganizava e se deprimia. "Precisava de um contorno." Na outra supervisão "o foco girava em torno da histeria de Lígia". E qual era a percepção da analista? As supervisões abrem condições para a analista captar o que se passava entre elas. Os sintomas expressos e vividos por Lígia, apreendidos no espaço entre analista-analisanda, eram comunicações que representavam estados primitivos de sua mente, ainda sem nomeações dos afetos, vazios a serem preenchidos, sentimentos de um profundo desamparo. A agressividade de Lígia poderia ser o modo de ela mostrar para a analista seu desespero e sua possível busca por uma "força" que não conseguia expressar de outra maneira. Estava compartilhando suas angústias com a analista como conseguia. Suportar esses ataques ao vínculo são muito difíceis. Com o passar do tempo, a aparência de menina educada, de um falso *self,* se transforma e Lígia começa a mostrar nas sessões seu outro lado, revoltado, agressivo, com gritos desesperados, e uma violência contra si mesma, quando bate em sua própria cabeça. Um momento muito complexo se instalou no *setting*, cheio de significados a serem desvendados.

Achei interessante a percepção da analista de restringir as interpretações e fazer perguntas, no sentido de "dar lugar a uma construção conjunta do entendimento do que se passava com ela", princípio da psicanálise vincular. A partir do viés da psicanálise vincular, analista e paciente vão construindo a história, constituída por um ir fazendo juntas, num espaço mental que se forma "entre" sujeitos, no qual os conteúdos emocionais vão sendo expressos, adquirindo sentidos, e são produzidos na presença dos envolvidos. "No dispositivo vincular, o analista é apenas um outro sujeito que pode intervir para abrir o amplo campo de pensar juntos. Este deve afinar sua escuta para apontar o que acontece durante o encontro" e perceber o que é vivido no vínculo entre os sujeitos (Puget, 2018; Bianchi, 2021, citado por Blay Levisky et al., 2021, p. 150). Berenstein e Puget, na Argentina, e Kaës, na França, foram psicanalistas que desenvolveram a teoria da psicanálise vincular.

A analista capta que a sonoridade de sua voz "tinha um lugar significativo nos movimentos transferenciais com a paciente". As comunicações não verbais eram expressões que adquiriam sentido naquele momento da análise. Analista e paciente estavam em sintonia, numa dimensão vincular que era a possível de ser alcançada; ainda não era a verbal. A analista teve funções catalisadora e digestiva para ajudar a paciente a abrir espaço para o mental. Com a evolução do processo, Ligia deixa de estar focada somente em seu corpo e em si, para também dividir com a analista suas dificuldades de relacionamento no trabalho, com a mãe e em sua vida afetiva e sexual. Iniciava um mergulho em seu mundo interno. Começava a trazer sonhos para a análise. O vínculo entre analista e analisanda se modificava.

No trabalho psicanalítico vincular, procuro observar como os vínculos vão sendo construídos e transformados ao longo da análise. No início desse processo analítico, diria que predominava um vínculo narcísico, que se transformou num vínculo adesivo, com qualidades de posse, ataque e controle até desembocar num vínculo de compartilhamento de fato. O analista que trabalha sob os princípios da psicanálise vincular vai nomeando essas transformações vinculares ao paciente ao longo da análise.

Fiquei até esse momento da leitura do caso me perguntando onde estaria o pai de Lígia. A figura do masculino representava algo difícil na vida de Lígia, figura da qual ela procurava se afastar. Esse pai era ausente ou frágil, para não conseguir ocupar seu lugar e função? Suas dificuldades afetivas com o sexo oposto seriam expressões dessa possível falta desse pai? Pensei que a analista transitava entre a função de uma "mãe suficientemente boa", continente, e a de um pai que estava ausente, a ouvia e colocava limites, quando, por exemplo, dizia que havia terminado a sessão.

Infelizmente a interrupção da análise, pela saída da analista do Brasil, foi num momento delicado, no qual se iniciava a tentativa de aprofundamento dos traumas de Lígia, a qual compartilhava vivências e fantasias que deixavam de morar somente em seu corpo. Houve uma regressão da paciente com o término da análise e o reaparecimento de sintomas somáticos. Talvez hoje, com a introdução da análise a distância em nossa prática clínica, seria possível dar continuidade ao trabalho, embora o atendimento presencial nesse caso fosse uma melhor opção, pelas dificuldades de simbolização da paciente e pelos estados primitivos de sua mente. Mas, mesmo assim, seria um caminho a ser explorado.

Após a leitura da análise do caso feita pela analista, meus questionamentos estavam sendo mais bem compreendidos. Lígia tinha uma mãe controladora, uma relação simbiótica que dificultava a entrada do pai na relação familiar, dinâmica comum nos quadros clínicos de anorexia e bulimia. A analista questiona o que Lígia não conseguia suportar dentro de si e afirma que ela "se organizava entre dois eixos: a sexualidade e a agressividade, pela repetição de vivências relacionais que apareciam na transferência com a analista". Pois, ainda em relação a isso, acrescento que suas defesas poderiam ser resultado de uma resolução edípica não bem-sucedida em seu processo de desenvolvimento, pela presença ou não presença de um pai que pudesse lhe oferecer limites e provocar a castração necessária à sua entrada entre a relação da mãe com a filha. O ataque e a violência de Lígia a si própria eram comunicações não verbais, de cunho primitivo, expressões de uma imagem distorcida e da revolta que tinha de si, dificuldades com uma organização interna e externa com seu eu. Lígia, aos poucos, no seu tempo, estava conseguindo se libertar dessa mãe castradora que a inibia de conseguir ter força para manifestar a contestação, como uma adolescente comum faria em seu processo de desenvolvimento. Lígia estava crescendo e criando sua própria autonomia, graças à sensibilidade e à continência da analista, que foi capaz de acolher o silêncio, a agressividade e as contestações de Lígia durante o processo. Acredito que um atendimento psicanalítico da família, em paralelo à análise de Lígia, poderia trazer benefícios para o caso.

Casos difíceis e complexos como esse exigem do profissional uma condição para suportar o incompreensível, conter sentimentos ambivalentes de impotência e onipotência e desenvolver uma capacidade negativa, continência, *holding* e *rêverie*. O respeito ao tempo, a capacidade de escuta de fazer perguntas e de aprender a lidar com os conteúdos narcísicos de Ligia foram elementos essenciais a serem trabalhados na análise, principalmente pelo fato de que a paciente apresentava um funcionamento mental primitivo, em que a passagem ao ato e a dificuldade de simbolização estavam presentes.

Referências bibliográficas

Puget, J. (2018). Intervir-Interpréter. *Revue Internationale de Psychanalyse de Couple et de la Famille (AIPCF)*, *19*(2), 1-9.

Blay Levisky, R. et al. (2021). *Dicionário de psicanálise de casal e família* (pp. 145-151). Blucher.

Sobre os organizadores

Sérgio Telles – Psiquiatra, psicanalista e escritor. Membro do Departamento de Psicanálise do Instituto Sedes Sapientiae (São Paulo), onde coordena o grupo "Psicanálise e Cultura". Também é editor da seção "Debates clínicos" da *Revista Percurso*, além de fazer parte da editoria de Resenhas. Fez parte da primeira turma do Curso de Psicoterapia e Psicopatologia Psicanalíticas (atualmente intitulado Formação em Psicanálise), fundado por Roberto Azevedo e Regina Chneiderman no Instituto Sedes Sapientiae, no qual foi professor e supervisor de 1980 a 1990. Membro fundador da Associação Brasileira de Psicanálise de Casal e Família e membro da Associação Internacional de Psicanálise de Casal e Família. Tem artigos publicados em revistas especializadas e escreve na grande imprensa. Autor de vários livros publicados por esta editora, como *Posto de observação – reverberações psicanalíticas sobre o cotidiano, arte e literatura*, *O psicanalista vai ao cinema* (três volumes), *Fragmentos clínicos de psicanálise*, *Visita às casas de Freud e outras viagens*, entre outros. Ganhador do Prêmio APCA (Associação Paulista de Críticos de Arte) na categoria Literatura – Contos 2002.

Beatriz Teixeira Mendes Coroa – Psicóloga formada pela Instituto de Psicologia da USP, assim como supervisora certificada pelo CRP-SP. Psicanalista membro do Departamento de Psicanálise do Instituto Sedes Sapientiae (São Paulo). Coeditora da seção "Debates clínicos" da *Revista Percurso*. Membro do grupo "Psicanálise e Cultura" do Departamento de Psicanálise do Instituto Sedes Sapientiae (SP).

Paula Peron – Psicóloga e psicanalista, é membro do Departamento de Psicanálise do Instituto Sedes Sapientiae (SP). Doutora em Psicologia Clínica pela Pontifícia Universidade Católica de São Paulo (PUC-SP). Membro do Grupo Brasileiro de Pesquisa Sandor Ferenczi. Professora assistente do curso de psicologia da Faculdade de Ciências Humanas e Saúde da Pontifícia Universidade Católica de São Paulo (PUC-SP). Coorganizadora do livro *História de mulheres – leituras psicanalíticas* (Editora Zagodoni). Organizadora do livro *Sujeitos da psicanálise – Freud, Ferenczi, Klein, Lacan: diálogos teóricos e clínicos* (Editora Escuta). Coeditora da seção "Debates clínicos" da revista *Percurso*. Tem capítulos nos livros *Freud e o patriarcado* (Editora Hedra), *Atendimento psicanalítico da depressão* (Editora Zagodoni), *Ferenczi: pensador da catástrofe* (Ed. Zagodoni), *Ferenczi: inquietações clínico-políticas* (Editora Zagodoni), *Provocações para a psicanálise no Brasil – racismo, políticas identitárias, violências e colonialismo* (Editora Zagodoni), *Sonhar – figurar o terror, sustentar o desejo* (Editora Zagodoni), *Perto das trevas – a depressão em seis perspectivas psicanalíticas*, *Vozes da Psicanálise: clínica, teoria e pluralismo. Volume 1 – 1900-1942* (ambos publicados pela Editora Blucher).

Sobre os autores

Cristina Perdomo – Psicóloga, psicanalista, coordenadora geral do Departamento Formação em Psicanálise do Instituto Sedes Sapientiae (gestão atual). Foi membro da diretoria do Instituto Sedes Sapientiae, gestão 2013-2018.

Daniel Kupermann – Psicanalista, professor do Instituto de Psicologia da USP e presidente do Grupo Brasileiro de Pesquisas Sándor Ferenczi. É autor de vários livros, com destaque para *Transferências cruzadas: uma história da psicanálise e suas instituições* (Editora Escuta), *Estilos do cuidado: a psicanálise e o traumático* e *por que Ferenczi?* (ambos publicados pela Editora Zagodoni).

Dora Tognolli – Psicanalista, membro efetivo e docente da Sociedade Brasileira de Psicanálise de São Paulo (SBPSP), atual diretora do Instituto Durval Marcondes, da SBPSP. Mestre em Psicologia Social pelo IPUSP, autora de artigos em diferentes publicações.

Fábio Belo - Psicanalista, professor associado no Departamento de Psicologia da Universidade Federal de Minas Gerais (UFMG). Autor de diversos livros e artigos, dentre os quais se destacam *Clínica* *psicanalítica on-line: breves apontamentos sobre atendimento virtual* e *Teoria da sedução generalizada e arte.*

João A. Frayze-Pereira – Psicanalista didata da Sociedade Brasileira de Psicanálise de São Paulo (SBPSP), na qual é o diretor de Cultura e Comunidade. Editor da revista *Ide – Psicanálise e Cultura* (2015-2020). Professor livre-docente do Instituto de Psicologia e do Programa de Pós-Graduação Interunidades em Estética e História da Arte da USP.

Lia Pitliuk – Psicanalista membro do Departamento de Psicanálise e do Departamento de Psicanálise com Crianças do Instituto Sedes Sapientiae, no qual é docente no curso de formação de analistas, coordenadora dos grupos "Em Linha – grupo de estudos e pesquisa sobre a clínica psicanalítica online" e "A perspectiva relacional em psicanálise". Membro dos grupos "Espaço Potencial Winnicott" e "Winnicott – leituras e reflexões". Docente do curso de formação de psicanalistas e em cursos livres do Instituto Gerar de Psicanálise. Supervisora e coordenadora de grupos de estudos sobre Freud e Winnicott.

Luciana Saddi – Psicanalista e escritora, membro efetivo e docente da Sociedade Brasileira de Psicanálise de São Paulo. Mestre em Psicologia pela PUC-SP. Diretora de Cultura e Comunidade da SBPSP (2017-2020). Fundadora do Grupo Corpo e Cultura. Representante brssileira do movimento global *Endangered Bodies.* Coordena grupos de estudos e de supervisão, assim como grupos terapêuticos centrados nos sofrimentos alimentares e com a imagem corporal. Coordenadora do Programa de Cinema e Psicanálise da diretoria de cultura e comunidade da SBPSP em parceria com o Museu de Imagem e do Som (MIS) e o jornal *Folha de S.Paulo.*

Maria José de Andrade Sousa – Analista didata da Sociedade Psicanalítica de Fortaleza (SPFOR), é membro associado da SBPSP. Analista de crianças e adolescentes. Membro efetivo da Associação

Psicanalítica Internacional (International Psychoanalytical Association - IPA).

Maria Helena Fernandes - Psicanalista, doutora em Psicanálise e Psicopatologia pela Universidade de Paris VII, com pós-doutoramento pelo Departamento de Psiquiatria da UNIFESP. Professora do curso de psicanálise e professora colaboradora do curso de psicossomática do Instituto Sedes Sapientiae. É membro dos Departamentos de Psicanálise e de Psicossomática do mesmo Instituto. É autora dos livros *L'hypocondrie du rêve et le silence des organes: une clinique psychanalytique du somatique* (Presses Universitaires du Septentrion), *Corpo* (Casa do Psicólogo) e *Transtornos alimentares: anorexia e bulimia* (Casa do Psicólogo).

Marilsa Tafarel -Psiquiatra e psicanalista. Doutora em Psicanálise pela PUC- SP. Membro efetivo e docente da SBPSP. Coautora do livro *Isaías Melsohn - A psicanálise e a vida, setenta anos de histórias paulistanas* (Editora Escuta).

Miriam Debieux Rosa - Psicanalista, professora titular do Instituto de Psicologia da USP. Coordena o Laboratório Psicanálise, Sociedade e Política (PSOPOL) e o Grupo Veredas: Psicanálise e Imigração. Publicou artigos e livros, entre eles *A clínica psicanalítica em face da dimensão sociopolítica do sofrimento* (Editora Escuta/Fapesp), agraciado com o Prêmio Jabuti em 2017.

Noemi Moritz Kon - Psicanalista, membro do Departamento de Psicanálise do Instituto Sedes Sapientiae, mestre e doutora pelo Departamento de Psicologia Social do Instituto de Psicologia da USP. Autora de *Freud e seu Duplo – reflexões entre Psicanálise e Arte* (Edusp/Fapesp), *A viagem: da literatura à psicanálise* (Companhia das Letras) e organizadora de *125 contos de Guy de Maupassant* (Companhia das Letras) e coorganizadora, com Maria Lúcia da Silva e Cristiane Curi Abud, de *O racismo e o negro no Brasil: questões para a psicanálise* (Editora Perspectiva). Professora do curso de pós-graduação "Conflito e Sintoma: Clínica Psicanalítica" do Departamento de Psicanálise do Instituto Sedes Sapientiae.

Paula Francisquetti – Psicanalista. Membro do Departamento de Psicanálise do Instituto Sedes Sapientiae e professora do curso de psicanálise.

Renato Trachtenberg – Médico com especialização em psiquiatria e psicanalista. Membro fundador e pleno do Centro de Estudos Psicanalíticos de Porto Alegre, membro titular da Sociedade Brasileira de Psicanálise de Porto Alegre e da Associação Psicanalítica de Buenos Aires.

Ruth Blay Levisky – Psicóloga, psicanalista de grupo, casais e famílias. Membro fundador e presidente da Associação Brasileira de Psicanálise de Casal e Família (ABPCF, 2017-2021). Coordenadora do Grupo Vincular. Coordenadora técnica do projeto *Abrace seu Bairro*. Membro efetivo do Conselho de Representantes e Conselho Diretivo e Fiscal da Associação Internacional de Psicanálise de Casal e Família (AIPCF, 2006-2014). Professora do curso de especialização em Terapia familiar da Coordenadoria Geral de Especialização, Aperfeiçoamento e Extensão (COGEAE- PUC-SP) e do Instituto de Psicoterapia Analítica de Grupo. Bióloga, mestre e doutora em Genética Humana pela USP. Autora de livros e de artigos especializados nas áreas. Organizadora, junto com Maria Luiza Dias e David Léo Levisky, do *Dicionário de psicanálise de casal e família* (Editora Blucher).

Silvana Rea – Membro efetivo e diretora científica da Sociedade Brasileira de Psicanálise de São Paulo. Graduada em Cinema e Psicologia, mestre e doutora em Psicologia da Arte pelo IP-USP. Autora de artigos e dos livros *Transformatividade – aproximações entre psicanálise e artes plásticas: Renina Katz, Carlos Fajardo, Flávia Ribeiro* (Editora Annablume/Fapesp) e *Pelos poros do mundo: uma leitura psicanalítica da poética de Flávia Ribeiro* (Edusp/Fapesp).

Tales Ab'Sáber – Psicanalista e escritor, membro do Departamento de Psicanálise do Instituto Sedes Sapientiae, professor de Filosofia da Psicanálise no Departamento de Filosofia da Unifesp. Propositor da Clínica Aberta de Psicanálise e do grupo analista na Casa do Povo, no bairro do Bom Retiro, em São Paulo.

GRÁFICA PAYM
Tel. [11] 4392-3344
paym@graficapaym.com.br